Rainer Bendel

Hoffnung, die noch nicht erfüllt ist

Rainer Bendel

Hoffnung, die noch nicht erfüllt ist

Profilschärfungen im Alltag

Fromm Verlag

Publisher:
Fromm Verlag
is a trademark of
International Book Market Service Ltd., member of OmniScriptum Publishing Group
17 Meldrum Street, Beau Bassin 71504, Mauritius

Printed at: see last page
ISBN: 978-620-2-44156-8

Vorwort

Mit dem messianischen Israel werden Herrschaften umgestürzt; der Geschichtsverlauf wird gleichsam gekippt. Damit wird eine Revolution par excellence beschrieben. Der selbstverständliche und unaufhaltsame Fortschritt, der kein Verweilen zulässt, wird unterbrochen. Die eingefahrenen, scheinbar unumstößlichen Mechanismen, die Gewalt werden gestürzt. Die Würde des Einzelnen, des Konkreten, des Augenblicks wird gewahrt. Die Zerschlagenen werden zusammengefügt.

Als Christen dürfen wir dieses Erbe du diesen Auftrag nicht leugnen und wegschieben oder verwässern. Er ist Chance und Wurzelboden. Er kann auch Last sein.

Die Botschaft Jesu ermuntert uns, immer wieder neu die Seligpreisungen in vielen Variationen als Wegweiser zu lesen und auf diesem Weg der Hoffnung Raum und Gestalt zu geben. Den Spannungsbogen von Geschichte und Botschaft Jesu versuchte ich in der Gemeinde St. Michael in der Südstadt Tübingens in den Jahren 2001-2003 gerecht zu werden. Aus diesem Kontext stammen die Texte der vorliegenden Publikation; die Liturgie der Gemeinde im Jahreskreis gab die Themen vor.

Es war eine gemeinsame Wegstrecke mit vielen in der Gemeinde, die die Akzente bestimmte, ein gemeinsames Suchen, Fragen und Gehen; es gab Kraft und Zuversicht; dafür sei allen Begleiterinnen und Begleitern im Rückblick herzlicher Dank gesagt.

Tübingen, am Fest St. Michael 2018

Rainer Bendel

Zeugnis der Freude

Matthäus 3

Die Freude über Gott, der unser Leben trägt und mitgeht, führt uns zusammen, um Dank zu sagen, um die Freude mitzuteilen, um uns Kraft zu holen, Zeugnis zu geben von dieser Freude.
Im Mittelpunkt des heutigen Evangeliums steht das Selbstzeugnis Johannes des Täufers: Ich bin die Stimme, die in der Wüste ruft. Er will Zeugnis ablegen für das Licht.
Gott hat auch uns dazu berufen, Zeugen des Lichtes, Boten seiner Freude und seines Erbarmens zu sein

Da tritt einer auf, der Zeugnis gibt, ein Prophet, ein Mahner, ein Kritiker, ein Asket im härenen Gewand, der sich von Heuschrecken ernährt, so oder ähnlich ist das Bild von Johannes dem Täufer immer wieder gezeichnet worden.
Was heißt hier Zeugnis geben? Eine eherne Tafel vor sich hertragen mit Inhalten, die weiter gegeben werden müssen, mit Geboten und Verboten? Eine strenge Askese mit finsterer Miene und grimmiger Drohgebärde?

Oder ist die Freude über das Licht, das wir in uns tragen, das wir offenbar werden lassen sollen, schon das Zeugnis, das Licht, das ansteckt, die Flamme, die von Docht zu Docht weiter geht und viele Kerzen zu einem Lichtermeer anschwellen lässt.

Eine erste Wegweisung zur Antwort auf die Frage, wie dieses Zeugnis zu verstehen sein könnte, gibt uns die erste Lesung aus dem Buch Jesaja: Es ist der Geist Gottes in mir, der mich treibt, Licht zu bringen, aufzubrechen, was einengt, der mich treibt, Zerbrochenes zu heilen.

Es ist die Freude, die aus meinem Innersten, aus meinem Lebensgrund, meinem Lebensquell, aus dem Herzen kommt - der Jubel aus meiner Seele über meinen Gott.

Wenn diese herzinnige, Freude spendende Verbindung mit meinem Gott das Substrat meines Lebens, das Fundament ist, dann werde ich nur gerecht handeln können, dann kommt aus meinem Inneren nur ein Handeln in Gerechtigkeit, so selbstverständlich wie die Erde die Saat wachsen lässt und der Garten die Pflanzen hervorbringt, wenn warmer Regen die Erde tränkt.

Für diese Gottverbundenheit soll ich Zeugnis ablegen.

Nichts anderes tut der Wegbereiter und Zeuge, von dem im heutigen Evangelium die Rede ist: Es trat ein Mensch auf... sein Name war Johannes. Das ist der Anschlussvers an den Johannesprolog, das Evangelium des ersten Weihnachtstages: Das Wort, das Fleisch wird, Gott, der im Menschen zu den Menschen kommt.

Dafür legt Johannes Zeugnis ab. Ein Zeugnis schreibt nicht vor, nimmt niemandem die Entscheidung ab, zu vertrauen, zu glauben, es ist so etwas wie ein Wegweiser, wie eine Stärkung und Begleitung auf dem Weg.

Er legt Zeugnis ab für das Licht, diese Grundvoraussetzung für das Leben. Ohne Licht kann kein Leben gedeihen. Daher ist das Licht auch in allen Religionen ein ganz zentrales Symbol geworden. Licht macht hell, lässt uns unsere Umwelt, unseren Weg erkennen; Licht heilt und wärmt, lässt wachsen und bringt das Leben auf den Weg zur Fülle. Licht gibt Orientierung und Halt. Erst wenn das Licht die Dinge dieser Welt berührt und sich in ihnen wie in einem Prisma bricht und widerspiegelt, kann es die Fülle seiner Farben, die Harmonie und Schönheit seines Farbenspektrums voll entfalten.

Wenn wir nun Zeugen dieses Lichtes, dieses Symbols des Göttlichen sind, dann legen wir in unserer Unterschiedlichkeit auch Zeugnis ab für die Vielfältigkeit unseres Gottes. Denn dieses göttliche Licht bricht sich in den unterschiedlichen Regionen, Zonen und Zeiten, in der Geschichte, in verschiedenen Kulturen je anders. So zeigt und zeugt das göttliche Licht Kulturen, Traditionen und Religionen, die in ihrer Vielfalt die Größe und Weite, die Tiefe und den Reichtum des Reiches Gottes ahnen lassen. Keine menschliche und damit begrenzte, endliche Kultur und Tradition kann die Größe und Weite der göttlichen Botschaft, das Licht, von dem Johannes der Täufer Zeugnis gibt, in seiner ganzen Fülle aufnehmen und zum Ausdruck bringen. Deswegen muss der Dialog, nicht die Abgrenzung im Vordergrund stehen.

In der globalisierten „Einen Welt" von heute können wir die Aufgaben der Begegnung und des Austausches, des Verstehens und der Verständigung, des Miteinanders und Füreinanders nicht vom Tisch wischen und verdrängen, wenn wir Zeugnis geben wollen, von dem Licht, das sich in und mit uns widerspiegelt, von dem Gott, der Mensch wird, hier und heute.

Dialog, damit wir das Licht, das wir empfangen haben, weitergeben, mitteilen und miteinander teilen. Dialog, damit wir miteinander und voneinander etwas von jener Fülle ahnen und spüren, zu der wir gerufen sind.

Der Dialog wird zu einem Vorgang des Wachsens und des Entfaltens. Im Dialog können wir uns gegenseitig ermutigen, die Erfahrungen, die Israel in der Wüstenzeit mit Jahwe gemacht hat, denn auf sie wird in der Szenerie des heutigen Evangeliums angespielt, neu wirklich werden zu lassen, nämlich das solidarische Leben Freier und Gleicher in und mit diesem Gott. Diese Umkehr hat Johannes hinausgerufen, auf diese Umkehr hin hat Jesus Sünder und Gerechte, Zöllner und Fromme an seinen Tisch gerufen.

Löschen wir also in keinem Menschen das Licht aus, diese Zeugniskraft des Göttlichen, löschen wir den Geist nicht aus, verachten wir nicht prophetisches Reden von vornherein, sondern geben wir ihm Raum, treten wir in den Dialog. Denn der Dialog verbindet und verbündet zum gemeinsamen Tun und Handeln. Zum Einsatz für die Rechte und die Gerechtigkeit. Für die Würde und Werte des Menschen. Für die Bewahrung der Schöpfung. Für den Frieden in der Welt. Für den Frieden in unserem Land, in unserer Gemeinde, in unserer Umgebung, damit wir wirklich Zeugnis ablegen für die Hoffnung, die uns trägt und treibt, damit wir das Licht bezeugen, das die zerbrochenen Herzen heilen kann, damit alle einstimmen können: Von Herzen will ich mich freuen über Gott. Meine Seele soll jubeln über meinen Gott.

Weihnachtsgeschichte

Lukas 2, 1-20

Wir freuen uns, wir feiern es alle Jahre wieder, dass Gott in diese Welt nicht nur kam, sondern kommt, dass er bei uns ankommen will.

In unserem Leben gibt es ein Suchen und Fragen nach Gott, ein näher kommen und festhalten wollen, eine Sehnsucht und ein Warten auf Begegnung – manchmal merken wir freilich davon wenig. Manchmal ist das so tief vergraben, dass wir nur noch eine Unruhe spüren, eine Unruhe und eine leise Sehnsucht, dass irgendetwas anders werden soll...

Wo Gott ankommt, da kann vieles anders werden, davon erzählt uns das Evangelium dieser heiligen Nacht sehr ausführlich. Aber es dauert oft, bis wir Gott ankommen lassen. Denn zum Ankommen gehören mindestens zwei, jemand, der ankommt und jemand, der aufnimmt. Manchmal braucht dieses Ankommen eine ganz schön lange Zeit. Bis wir merken, wer da ankommt, was der Ankommende von und mit uns will, was es heißt, Gott will in seiner Liebe die Welt erneuern – und er will, dass wir mitwirken, dass diese neue Schöpfung ankommt, wachsen kann, unsere Welt durchdringen und neu, anders machen kann.

Gott lässt sich darauf ein, dass der Mensch Zeit braucht, um zu begreifen. Er lässt uns Zeit mit ihm, er lässt sich Zeit mit uns, geht mit uns unsere Wege, manchmal auch Umwege. Das ermutigt uns, ihn anzurufen und zu bitten, dass er immer bei uns bleiben soll, auch auf unseren Umwegen...

Wir haben gerade ein Stück Weltliteratur gehört: Die Weihnachtsgeschichte des Lukas ist sicher immer noch eine der bekanntesten Erzählungen der Weltliteratur, geformt von einer ungeheuren dichterischen Kraft, die Textgrundlage dafür, dass wir alle Jahre eigens und ausdrücklich die Erinnerung an Gottes Liebe zu uns Menschen wiederholen.

Und es ist durchaus sinnvoll, dieses Geschenk der Liebe auch weiterzugeben, zum Ausdruck zu bringen in den Geschenken, die wir anderen machen an diesem Abend und in diesen Tagen.
Und es kann auch in den Rahmen passen, ein wenig Sehnsucht nach Nostalgie, Wärme, Geborgenheit usw. in die Gestaltung dieses Festes einfließen zu lassen, schenkt uns doch Gottes Liebe eine umfassende Geborgenheit und Wärme, ein intensives Mitgehen.

Ja, wir feiern heute wieder, dass Gott uns Menschen liebt, dass er die Welt liebt, dass er das Leben will und es in Fülle will – für uns Menschen und für seine ganze Schöpfung, dass er schalom, Waffenruhe, Gerechtigkeit, gewaltfreie Konfliktlösungen, Wohlsein, Toleranz, Barmherzigkeit, Liebe... will, eine Liebe, die die Welt nicht in eine Achse des Guten und eine Achse des Bösen einteilt, sondern die so viel Phantasie mitbringt, dass sie das Gute in jedem Menschen herausruft.

Wir feiern die Tat eines Liebenden, den die Liebe verrückt gemacht hat, so verrückt, dass er, der nach dem Bild und den Vorstellungen vieler Menschen der Erhabene ist, voll Majestät, ein kleines, hilfloses, armes Kind wird, zwischen Ochs und Esel, diesen von Mühsal und menschlicher Knechtung geplagten Kreaturen, in eine schnöde Futterkrippe gelegt.
Mögen diese Erzählungen über die Geburt und die Kindheit des Gotteskindes auch den kritischen Blicken der Historiker nicht standhalten und Bethlehem nichts oder nicht allzu viel mit der Geburt Jesu zu tun haben, sie sind doch ganz dem Geist der Botschaft entsprechend, die dieser Jesus gepredigt hat: Gott ist verrückt aus Liebe, er stellt unsere ach so lieb gewordenen Gewohnheiten und Konventionen in Frage, unsere traditionellen religiösen Vorstellungen, unsere herkömmlichen Gottesbilder... Um diesem Gott auf die Spur zu kommen, müssen auch wir unsere Vorstellungen verändern: nach der Botschaft des Lukas sind

Marginalisierte, Ausgestoßene, an den Rand Gedrängte, die Hirten – besonders sensibel und besonders gewürdigt für die Botschaft dieses Gottes.
Denn – das sollten wir in unserer Behaglichkeit nicht verdrängen – wir feiern, dass die Botschaft zuerst den sozial Ausgegrenzten verkündet wird, den Hirten auf dem Feld, vor den Toren der Stadt, auf die das geordnete und planvolle Getriebe geregelten Lebens verächtlich herabschaut.
Der Ort vor den Toren, außerhalb des Getriebes, scheint geeigneter, um wahrzunehmen, dass dieser Gott uns so einfach nahe sein will, uns im Einfachen so nahe sein will.

Die Hirten haben in ihrem Überlebenskampf ein offenes Ohr, sie sind einfach da, als die Botschaft kommt, sie lassen sich mitreißen vom Sog der Freude, der Menschenfreundlichkeit, der Liebe, sie haben keinen Terminplan, der ihnen vorschreibt, jetzt musst du erst noch dies oder jenes verrichten...
Sie sind auch ein wenig verrückt und damit offen für die Überraschung, die da ankommt, für diese Szenerie, die alles durcheinanderbringt, die Nacht zum Tag werden lässt, das Unterste nach oben kehrt, die Mächtigen vom Thron stürzt und die Reichen leer ausgehen lässt. Vielleicht haben sie als Außenseiter offenere Maßstäbe, kein so geschlossenes und verschlossenes System von Einordnung und Beurteilung der Menschen, da sie ja allein durch ihren Beruf, durch ihre bloße Existenz stets Aufbrechende sind, immer auf dem Weg.
Ein Gott, der unsere Maßstäbe umkehrt, damit aus der Liebe heraus Neues entstehen kann.
„Eigentlich ist ja die befreiende Erfahrung der Liebe, dass man aus seinem eigenen Kreis herausgerückt wird, den anderen als Mittelpunkt versteht und sich dadurch als Ich im Du wieder empfängt.“ (Ruth Pfau)

In diesem Kind und in dieser Begegnungsszene der Hirten soll klar werden, wie verrückt diese Liebe Gottes wirklich ist: sie ist unserer Macht und unserem Pla-

nen entzogen, sie ist zeitlos, sie steht „hinter“, „über“ all der Zeit, die wir meinen messen zu können – und sie ist zugleich mitten in der Zeit, die Mitte der Zeit, zu der wir in jedem Augenblick unseres Lebens durchstoßen können, wenn wir offen sind.
„Es ist eine alte Geschichte, doch bleibt sie immer neu, und wem sie just passieret, dem bricht das Herz entzwei.“ lesen wir bei Heinrich Heine im ‚Buch der Lieder‘ über die Liebe. Sie ist letztlich nur verständlich in der unmittelbaren Ergriffenheit der Gegenwart, im Augenblick, in dem wir meinen, die Zeit bleibe stehen, sie verdichte sich. Aus dieser Ergriffenheit heraus verrücken dann die Dimensionen und Einschätzungen: das Ordentliche und Richtige und Normale ist vielleicht gar nicht mehr so erstrebenswert; man merkt vielmehr, wie ein erstickendes Korsett daraus werden kann.

Hören wir auf die Marginalisierten, schauen wir an diesem Hochfest auf das Kind in der Krippe. Jedes neugeborene Kind rührt neu unsere Sehnsucht wach, dass Liebe unser Leben tragen und bestimmen möge, uns ins Leben trägt – um wieviel mehr dieses göttliche Kind, diese Botschaft des Gottes der Liebe..
Es bestärkt uns in der Hoffnung, dass Erde und Himmel sich verbinden, dass der Wolf beim Lamm wohnen kann, dass aus der Wüste neues Leben sprießt...
Das Kind ermutigt uns dazu im Kleinen, Unscheinbaren das Wunderbare, das Kostbare zu entdecken, das uns mit allem verbindet.
Das Staunen, die Offenheit, das Grundvertrauen, die selbstverständliche Angewiesenheit
- Hoffnungsfunken, dass es doch möglich ist, dass sich das Lebenfördernde durchsetzt und nicht das Zerstörerische
- Hoffnungsfunken, dass Gott nicht nur vor 2000 Jahren Mensch geworden ist, sondern hier und jetzt
- Hoffnungsfunken, dass Gott Raum findet in mir – Weihnachten, Gottesgeburt hier und jetzt

- Hoffnungsfunken, die aus den Augenblicken aufsprühen, da wir spüren, Gott will Mensch werden – auch in mir, damit ich als Tochter und Sohn Gottes geboren werde

- Hoffnungsfunken, die uns bestärken in den Aufgaben und Konflikten des Alltages.

Meister Eckhart, der große Mystiker des 13. Jahrhunderts hat einmal in einer Weihnachtspredigt formuliert: „Wir feiern hier in der Zeitlichkeit im Hinblick auf die ewige Geburt, die Gott der Vater vollzogen hat und ohne Unterlass in der Ewigkeit vollzieht, dass er diese selbe Geburt nun in der Zeit, in menschlicher Natur vollzogen hat. Sankt Augustinus sagt: Was hilft es mir, dass diese Geburt immerfort geschehe und doch nicht in mir geschieht? Dass sie aber in mir geschehe, daran ist alles gelegen."

Dass Weihnachten werde und Hoffnungsfunken unsere Welt, gerade auch dort wo es kalt und finster ist, hell erleuchten, wünsche ich Ihnen, wünsche ich uns allen. Amen

Matthäus 2,13-23

In diesem Kind, das wir an Weihnachten gefeiert haben, ist uns Gott aufgeleuchtet. Welch eine Freude, welch eine Hoffnungsbasis, und welch eine Aufgabe, dem Kind die Menschwerdung zu ermöglichen, mitten in all den Problemlagen unserer menschlichen Existenz von A wie Armut bis Z wie Zerwürfnissen in den Familien, in der Gesellschaft, im einzelnen Menschen. Von diesen Bedrängnissen ist auch dieses göttliche Kind nicht ausgenommen: hartes politisches Kalkül, die Angst vor dem Machtverlust, die Konkurrenz, der Neid treiben es selbst aus der Armut des Stalles in die Flucht, in die Fremde – und was noch alles in diesem Bild der Heiligen Familie mit dem Esel auf dem Weg nach Ägypten steckt. Gott will wirklich ganz zu uns Menschen kommen, ganz bei uns Menschen sein, damit wir Menschen wirklich Mensch werden können – auch und gerade in den Extremsituationen, die so oft den Blick für das Eigentliche, für das Innerste schärfen. Freilich können wir solche Extremsituationen nicht aus eigener Kraft akzeptieren: wenn wir auf der Flucht sind, wenn wir gerade aus der gewohnten Umgebung vertrieben werden, wenn unsere Pläne durchkreuzt werden...

Wir hören die Evangelien, um uns zu erinnern, dass Gott mit uns ist – in den unterschiedlichsten Lagen des Lebens, das ist ein fester Bestandteil christlicher Glaubenspraxis.

Wir setzen uns mit diesen gehörten und gelesenen Evangelienabschnitten auseinander, um den Erinnerungskontext der Entstehungszeit kennen und die Botschaft besser verstehen zu lernen.

Und wir müssen dieses Erbe der Erinnerung auch immer wieder aus dem Geschenkpapier auspacken, in das es die Generationen vor uns gewickelt haben, damit das Salz, das da drin steckt, auch unserer Speise Geschmack und Pfiff geben kann.

Die Gefahr, dass einige Schichten reichlich abgegriffenes Geschenkpapier um die Gabe und Aufgabe gewickelt sind, scheint mir gerade bei der Botschaft unserer Feste sehr groß. Und davon ist das Fest der Heiligen Familie nicht ausgenommen.

In meiner Heimatgemeinde wird das Hochaltarbild – den Osterfestkreis und Pfingsten ausgenommen – weitgehend von der Heiligen Familie geprägt, eine dem Barock nachempfundene Darstellung: in der Horizontalen Josef und Maria in ihren fürsorgenden Blicken für das Kind Jesus, das in der Mitte steht, über ihm schwebt die Taube des Heiligen Geistes, die von Gottvater ausgeht, also in der Vertikalen die Darstellung der Trinität. Da ist die Heilige Familie sanktioniert, da ist nichts mehr zu spüren von den Zweifeln des Josef, von seinen Überlegungen, sich aus dem Staub zu machen, da meint man die himmlische und die irdische Trinität zu erkennen, ein Motiv, das in Teilen des Bildprogramms barocker Kunst durchaus gebräuchlich war. Die Heilige Familie also gleichsam als die irdische Variante der Trinität. Als entsprechend solide und vorbildlich muss dann auch das Familienleben verkündet werden. Die einzigen Irritationen, von denen wir hören dürfen, sind der göttlichen Natur Jesu zuzuschreiben: um zu lehren, um zu verkündigen, bricht der Zwölfjährige aus aus der Familienidylle und bringt seine Eltern in große Sorgen.

Helfen diese Erinnerungen an die Heilige Familie, entstanden in den Umbruchssituationen des 18. und 19. Jahrhunderts, entsprungen einem erhöhten Geborgenheits- und Sicherheitsbedürfnis, nicht zuletzt auch einer Rückzugsmentalität der Kirche aus der sogenannten säkularen Welt (die man in mancher Rede über die Familie als Kleinkirche immer noch mitschwingen hören kann) - für unsere Familiengeschichten, für unsere Erfahrungen?

Eine andere Deutungsweise dürfte den Älteren unter Ihnen, allen voran den Vertriebenen bekannt sein: Die Heilige Familie auf der Flucht war in den Nachkriegsjahren ein viel strapaziertes Motiv in der Verkündigung. Auch die Heilige Familie war flüchtig, aus der Heimat vertrieben, in der Fremde. Der Sohn Gottes als Schicksalsgenosse, das konnte Mut machen, konnte davor bewahren, in Verzweiflung und Resignation unterzugehen. Familien waren wichtige Geborgenheits- und Orientierungsräume.

Wie weit haben Familien, insbesondere Familienidyllen auch abschottend gewirkt, Erwartungen überzüchtet und eingeengt, verhindert, dass Sicherheit, Vertrauen in Eigenes, Persönliches wachsen kann?

Kann die Heilige Familie dann heute für uns noch ein Motiv sein, in den Zeiten, wo die Familie in der gewohnten Konstellation sich verflüchtigt?

Eine breite Debatte in der Wochenzeitung „Zeit“ beschäftigt sich in den letzten Wochen mit der Familienfreundlich- bzw. -feindlichkeit unserer Gesellschaft, mit den Versäumnissen der Familienpolitik, mit dem Versagen der Eltern.

Die Pisa-Studie über die Qualität unserer Schulen tadelt nicht nur die Schulsituation, die Lehrer, sondern auch die Eltern. Großflächige Plakate werben jetzt zu den Weihnachtsfeiertagen für die Familie Deutschland; Handlungsbedarf wird also allenthalben festgestellt.

Aber wir müssen die Schwierigkeiten und Spannungen gar nicht durch die Presse vermittelt bekommen, wir wissen alle aus eigener Anschauung oder aus dem Bekanntenkreis, aus unserer Umgebung wie wichtig für eine gesunde menschliche Entwicklung die nähere Umgebung ist, die Situation und die Atmosphäre in der Familie, wie hilfreich und leider viel zu oft auch wie hemmend, selbst bei scheinbar intakten oder vorbildlichen Familien. Wie viel an Unterdrückung, an hemmenden Einflüssen ist oft unterschwellig da oder kann geschickt vertuscht werden. Wie viel an psychischen Problemen, an sozialen Fehlentwicklungen wird dort grundgelegt. Der Hinweis, dass die Frau dem Mann untertan und die Kinder gehorsam sein mögen reicht nicht aus, um eine Menschwerdung zu garantieren, in der der einzelne offen und fähig ist für einen befreienden Umgang mit dem anderen, für die kontinuierliche Aufgabe, selbst zu wachsen und sich helfen zu lassen, um der zu werden, der er ist, der er sein soll.

Familie wird in der Globalisierung und in den vielfältigen gesellschaftlichen Veränderungen nicht weniger wichtig, eher noch bedeutender: Globalisierung heißt ja nicht nur wirtschaftlicher Wettbewerbsdruck, weltweite Vernetzung durch die Medien, weltweite Vernetzung auch des Verbrechens und weltweite Dimensionen der strukturellen Ungerechtigkeit, sondern auch Offenheit, eine größere Vielzahl an Begegnungsmöglichkeiten, ein größeres Angebot an Wissen, auch an Entscheidungsmöglichkeiten. Um dem gewachsen zu sein, um das aushalten zu können, entwickeln wir gleichzeitig ein erhöhtes Geborgenheitsbedürfnis. Beides müsste idealerweise die Familie berücksichtigen können: Sicherheit, Geborgenheit, Schutz, Wärme, ein Raum des Angenommenseins, auch mit Fehlern und Versagen, und zugleich Offenheit, Zukunftsorientiertheit, Neugier auf das andere, das Fremde.

Die Familie ist in der Fortsetzung, ja geradezu als Brennpunkt der Weihnachtsbotschaft zu sehen, einer Botschaft, in der Gott den Menschen ermuntert, Mensch zu werden, in dem er ihm die Zusage gibt, dass er nie allein ist, ist die Situation auch noch so schwierig oder vertrackt. Es ist ein fürsorgend befreiendes, unterstützendes Mitgehen, so ganz ohne Konkurrenzdenken, ganz ohne den sachhaft gebrauchenden Aspekt, der unser menschliches soziales Handeln immer mitbestimmt. Es ist ein Mitgehen, das es dem Menschen ermöglicht, Mensch zu sein, unverfälschliche und unvergleichliche und unersetzliche Person zu sein, weil er ihn immer wieder aus den Verstrickungen, nicht nur der individuellen Sünde, sondern auch der strukturellen Bedrängnisse, aus den Sklerosen durch die Tradition usw. herausweist.

Die Weihnachtsbotschaft versichert uns, dass Gott sich hinein begibt in die grundlegend wichtigen menschlichen Strukturen, das adelt diese, das entbindet

sie aber nicht ihrer Problematik. Sie können verengen, sie können hinderlich werden, sie sind Hilfen, nicht absolute Werte. So können große mittelalterliche Theologen von der Tragik der Mutterschaft der Kirche sprechen: Wenn die Kinder erwachsen sind, müssen sie entlassen werden in die Eigenständigkeit und in die Freiheit, auch in die Möglichkeit, sich gegen die Mutter zu wenden. Was hier für die metaphorische Ebene gesagt wird – also der Vorrang der Religiosität des einzelnen vor der Kirche, das gilt auch für die Familie: sie darf nicht einengen, sie darf nicht die Eigenentwicklung verhindern. Jesus muss seiner Aufgabe zu verkündigen nachkommen.
Die Strukturen werden gründlich relativiert, bezogen auf das grundsätzlich Wichtige, durch die Botschaft Jesu: Wer ist mir Vater und Mutter, Schwester und Bruder? Nicht die, die ihm natürlicherweise die Menge vorstellt, sondern: Die, die den Willen meines Vaters tun.
Das lenkt den Blick auf alle Menschen, alle sind wir prinzipiell angenommen durch Gott. Wir sollten fähig sein, in diesen Dimensionen der sog. Menschheitsfamilie zu denken und zu handeln: in der gegenseitigen Anerkennung, in der Achtung voreinander, in der Verantwortung füreinander, im Engagement für Gerechtigkeit und Frieden, für Lebens- und Entfaltungsmöglichkeiten für alle. Wir sollen mitarbeiten an der Globalisierung der Solidarität – und dürfen dabei die Bedeutung des konkreten, des engeren Lebensraumes nicht übersehen: Wir brauchen auch dort Engel, die nicht einen Raum der Seligkeit schaffen, sondern die mitgehen, ein Stück weit tragen, wenn menschliche Begleitung versagt, zu kurz greift...
Wir dürfen uns glücklich schätzen, dass wir solche Engel in der Gemeinde haben: Kinderheim, Besuchsdienste etc.; lassen wir sie nicht allein und lassen wir damit unsere Phantasie nicht beruhigen...

„Messianisch“

Ohne Sonntage hätten wir nur Werktage. Das wird uns gerade im Dahin des Jahres, also außerhalb der Festzeiten, besonders bewusst. Wir spüren, dass wir am Sonntag das feiernde Eingedenken brauchen. Die Sonntage nehmen uns das Joch des Getriebes ab, das sture Voran des grauen Alltags. Wir spüren, dass wir die Unterbrechung brauchen, den Ort und die Zeit, die sinnstiftendes Licht werfen auf unsere Arbeit, auf unsere Bruchstücke, auch auf unser Versagen.
Wenn wir nach den Ursachen dieses Versagens fragen, kommen wir nicht an unserer Geschichte, an der Geschichte überhaupt, vorbei: Weil wir, weil die Welt so begrenzt sind, war uns manches nicht anders möglich, lebten wir auf Kosten von anderen. Doch auch eigener böser Wille hat uns dazu getrieben, fehl oder zu kurz zu greifen. Auch unsere ererbte oder selbst erworbene Last hindert und drückt uns immer wieder, nimmt uns die Luft zum Atmen, Strukturen drücken uns...

Der Weihnachtsfestkreis ist abgeschlossen. Wir treten ein in den Ablauf des Jahreskreises. Und da werden wir von den Lesungen her gleich sehr endzeitlich eingestimmt: Zu Beginn dieser zeitlichen Einheit werden wir mit dem Messiasbekenntnis des Johannes, und mit der Messiasverheißung des zweiten Gottesknechtsliedes im Jesajabuch konfrontiert.
Das Bild des Lammes, das die Sünde, die Verfallenheit der Welt hinwegnimmt, das Zeugnis des konkurrierenden Vorgängers, also Johannes des Täufers, für den mit Gottes Geist begabten Mann, für den Erwählten Gottes im Evangelium - und korrespondierend die Vision vom Gottesknecht, an dem Gott seine Herrlichkeit zeigen will, in der ersten Lesung. Mittendrin der Gruß des Apostels Paulus an die Gemeinde in Korinth im ersten Brief an die dortigen Christen. An den folgenden Sonntagen bis zur Fastenzeit werden wir weitere Abschnitte aus die-

sem Brief hören. Wir können darin eine Stellungnahme für die Bedeutung der Gemeinde, für die Ortskirche sehen.

Damit erscheint die Thematik auf den ersten Blick disparat, es sei denn wir richten unseren Blick auf die späteren Verse des ersten Kapitels des Korintherbriefes, wo wir die viel zitierte Stelle finden: Wir aber predigen Christus als den Gekreuzigten.
Ihnen ist sicher in Kirchen mit Kanzeln schon aufgefallen, dass dieser Vers seine ganz deutlich sichtbaren Spuren hinterlassen hat: auf jeder Kanzel steht ein Kreuz. Das Kreuz steht unbeirrt, während der Erdkreis durchschüttelt wird. Das Kreuz ist in und trotz allem Chaos dieser Welt die Sinnmitte.
Aber so fugenlos scheinen mir die drei Lesungen des heutigen Sonntags dann doch nicht ineinander zu passen und vor allem auch nicht in unsere Zeit zu passen.
Die messianische Vision im zweiten Gottesknechtslied weist viele Parallelen zum Johannestext auf: die Präexistenz, das Voraussein, ist vorgeformt: schon bevor der Gottesknecht in die Welt eintritt, ist er auserwählt; Gott wird seine Herrlichkeit zeigen, also die Verheißung der Vollendung...

Aber in der ersten Lesung ist nicht eine Einzelperson angesprochen, sondern das Volk Israel, das zum Licht für die ganze Welt werden soll, zum Aufweis des Heilswillens Gottes bis an die Enden der Erde. Israel, der Knecht der Tyrannen, gepeinigt im Exil, nicht auf der Seite der Sieger der Geschichte, erhält die Zusage: „Könige werden es sehen und sich erheben, Fürsten werfen sich nieder, um des Herrn willen..., der dich erwählt hat. So spricht der Herr: Zur Zeit der Gnade will ich dich erhören, am Tag der Rettung dir helfen. Ich habe dich geschaffen und dazu bestimmt, der Bund zu sein für das Volk, aufzuhelfen dem Land und

das verödete Erbe neu zu verteilen, den Gefangenen zu sagen: Kommt heraus! Und denen, die in der Finsternis sind: Kommt ans Licht!"
Mit dem messianischen Israel werden Herrschaften umgestürzt, da wird der Geschichtsverlauf gleichsam gekippt. Hier wird eine Revolution beschrieben; der selbstverständliche, unaufhaltsame Fortschritt, der kein Verweilen zulässt, wird unterbrochen, die Gewalt gestürzt, die Zerschlagenen zusammengefügt. Im Mutterleib ist der Gottesknecht schon Knecht, also schon vor seiner Lebenszeit: das kann uns ein Hinweis sein auf die in die Gegenwart hinein ragende Vergangenheit. Dessen Wirken beschränkt sich nicht auf die Gegenwart oder auf eine erwartete Veränderung in der Zukunft. Es wird vielmehr die Situation der Schöpfung ernst genommen, dass die Gegenwart ohne die Vergangenheit nicht zu haben ist. Wir können das Erbe nicht abstoßen. Es ist Chance, Wurzelboden. Es kann auch Last sein. Wir müssen lernen, so mit ihm umzugehen, dass wir auch mit dem verwundenden Erbe heil werden können, ja dass auch dieses Erbe heil werden kann: In den Stimmen der Menschen von heute ist noch der Nachhall der Stimmen von gestern zu hören. Der Gedankengang wird uns wahrscheinlich von der Psychologie her am leichtesten einsichtig und mitvollziehbar: Was zeitlich vorbei ist, ist nicht vergangen; es kann tiefe Spuren eingegraben haben, die verarbeitet sein wollen. Was vergangen ist, ist nicht nichts. Was sich jemals ereignet hat, ist nicht für die Geschichte verloren zu geben.
Wir kennen in unserer christlichen Tradition die heilige Bedeutung der memoria, des Gedächtnisses, der Erinnerung, gerade jetzt, wenn wir Sonntagseucharistie feiern – bei Augustinus begegnet sie uns in der Trinitätslehre sogar als göttliche Person.
Mit der memoria, mit dem Erinnern wird das geschichtliche Kontinuum, das unreflektierte Fort und Fort des Geschehens entschieden unterbrochen: die Sehnsucht nach Veränderung, das Ringen, ja bisweilen auch der Kampf um Stimmigkeit kann zum Durchbruch kommen, schreit nach Erfüllung...

Die Antwort Gottes: Er verheißt den Messias. Der Messias aber kommt nicht nur als der Erlöser, der alles erduldet und in Ordnung bringt und in den bestehenden Ordnungen belässt, darin festigt, sondern als einer, der abrechnet mit den Herrschenden, mit den Siegern, der die Geschichte nach ihren Chancen und Hoffnungen durchforscht – Hoffnung aber erwächst nur aus der Veränderung...
Dieser Messias ist mit der Vision des zweiten Gottesknechtsliedes das Volk Israel, mit dem Gott seinen Bund geschlossen hat. -

Und das steht in enger Verbindung mit den Worten der zweiten Lesung: Paulus schreibt an die Kirche Gottes in Korinth – genauer noch: es heißt: an die Kirche, die in Korinth ist, das stärkt noch einmal die Bedeutung der Ortsgemeinde. Paulus schreibt an die von Gott Berufenen. Sie sind als Heilige berufen – das hat Konsequenzen: auch sie stehen in einem Bund mit Gott; und das heißt sie müssen die messianische Spannung, dass sie eine Verheißung und Hoffnung haben, die Erfüllung aber noch aussteht, aushalten.
Die Gemeinde muss Licht, Sauerteig sein, sie hat den messianischen Auftrag und die messianische Kraft, die Schreie der Geschlagenen, Getretenen, Unterdrückten zu hören, Einspruch zu erheben, die Notbremse zu ziehen, dem Land aufzuhelfen, die Gefangenen zu befreien, das verödete Erbe neu zu verteilen.
Unsere liturgischen Riten und die Frömmigkeitspraxis dürfen nicht die messianische Erwartung und Praxis zähmen, aufsaugen, überdecken – die Erinnerung umfasst alle Dimensionen der Schöpfung. Der ethische und politische Impuls muss mindestens so stark sein. Die Forderungen der Gerechtigkeit nur auf eine ideale Zukunft zu verschieben, heißt einschläfern.
Wir haben einen Festkalender, der mit seinem Jahreszyklus eingreift in das Kontinuum der Zeit, der die Zeit still legt, der uns im Augenblick ganz hier sein lässt. Wir durchbrechen mit unserem Sonntag den monotonen Fluss der Woche, um das Eingedenken zu feiern, das Eingedenken an den Messias und damit auch an die messianische Verheißung an die Gemeinde und ihren Auftrag.

Die sonntäglichen Zeichen und Gesten des Eingedenkens können leer und hohl werden, wenn sie keine Konsequenzen in der Praxis haben – sie können abgegriffen werden und eine rein geschäftsmäßige Praxis nach sich ziehen, wenn wir außer Acht lassen, dass wir selbst verwandelt werden sollen, in einer Gegenwart, die mehr ist als nackte Jetztzeit, die ein Gedächtnis hat, die den Auftrag hat, an der „Verwandlung" auch der Vergangenheit mitzuwirken, deren Opfer im Auge zu behalten.

Das christliche Fest, auch der Sonntag, fordert uns ganz ein, uns nicht nur punktuell des Geschehens am Karfreitag und am Ostermorgen zu erinnern, sondern auch daran, was in der Geschichte dieser Erinnerung an Karfreitag und Ostern an Hoffnungen, Befreiungen, aber auch an Unterdrückung, Gewalt und Tod hervorgegangen ist. Und wenn wir die kosmische Dimension des messianischen Auftrages ernst nehmen wollen, müssen wir den Blick des Gedenkens nochmals weiten auf die Toten und Erschlagenen der Geschichte überhaupt. Sie müssen einbezogen werden in die messianische Verwandlung, die – noch einmal - Auswirkungen haben muss auch auf den Bereich unseres Handelns, auf den politischen Bereich...

Lassen wir uns anfanghaft wandeln in der Feier der Eucharistie, in der Feier des Dankens, die auch eine Feier des Eingedenkens ist: Wir gedenken des Leidens, des Todes und der Auferstehung Jesu, wir feiern aber auch den siebten Tag der Schöpfung, d.h. wir gedenken auch der Leiden und Freuden, der Ängste und Hoffnungen in der Geschichte und in unserer Gegenwart.

Matthäus 17, 1-9

„So lasst uns denn drei Hütten bauen."

Ich denke, dass die meisten von Ihnen schon ähnliche Wünsche, Gedanken gehegt haben, wenn eine Situation gut tut, etwas gelingt, man sich wohl fühlt, wenn wir etwas Schönes genießen, ein gutes Gespräch, ein schönes Bild, ansprechende Musik, einem gute Gedanken kommen, sich Perspektiven auftun, kurz wenn wir zu-Frieden, wenn wir glücklich sind...

Wir wollen den Augenblick, den ach so flüchtigen, festhalten, wir spüren, dass wir den unerbittlichen Fluss der Zeit einhalten wollen, wenn wir die tieferen Dimensionen der Wirklichkeit aufblitzen sehen, erahnen können...

Auf diesem Hintergrund der eigenen Erfahrungen können wir den Wunsch des Petrus verstehen, der in der Mitte des heutigen Evangeliumsabschnittes steht

Die Situation des Berges: die Lehre (Mose, Seligpreisungen), die Versuchungsszene – und jetzt die Verklärung: das Leuchten von innen, das Strahlen des Gesichtes, die umfassende Bestätigung und Bekräftigung durch Gott, der Ausblick auf die Vollendung

Wer kann es uns verübeln, dass wir das festhalten wollen, dass wir uns hier heimisch machen wollen

Und genau dazu setzt die erste Lesung des zweiten Fastensonntages den Kontrapunkt:

Wenn Gott Abram beruft, dann verlangt er von ihm Grundsätzliches: das, was er lieb gewonnen hat, das, was er kennt, seine Gewohnheiten, die ihm Sicherheit geben, was ihm geläufig ist, Menschen, die er lieb gewonnen hat, mit denen er aufgewachsen ist, die ihn getragen und geprägt haben, die ihm Wärme, vielleicht

auch manchmal Einengung gegeben haben – kurz all das, was Heimat, Sippe, Familie heißt, soll er aufgeben, soll er zurücklassen, sich aufmachen in eine ungewisse Zukunft, nämlich in ein Land, das der Herr ihm erst noch zeigen wird – die Zukunft ist offen.
Aufgeben, auf den Weg machen heißt die Devise
Allein mit der Verheißung des Segens, des Beistandes und Mitgehens Gottes
Segen nicht nur für den einzelnen, sondern für alle, die ihm wohlgesonnen sind.

Jetzt wäre es interessant zu erfahren, wie Abraham den verborgenen Gott, der aus der Wolke ruft, gehört hat. Wie erkannte er die Stimme Gottes in seinem Gewissen? Diese inhaltsschwere und konsequenzenreiche Stimme, der Ruf, aus der alten, ererbten Religion seines Vaterhauses auszuziehen. Hat der Sohn die Schwächen, die Verkrustungen der hergebrachten Religion seines Vaters durchschaut? Hat er mit seinem Vater gestritten und sich deswegen getrennt?
Der Text sagt uns dazu nichts. Aber so viel können wir annehmen, dass Abraham die Welt und die religiöse Praxis in ihr, die Frömmigkeit, in der er aufgewachsen ist, kritisch betrachtet hat, dass er seine eigene Verantwortung entdeckt und diese nicht bequem beiseite geschoben, sondern ernst genommen hat, dass er auf die Suche gegangen ist, auf ein langwieriges Suchen sich eingelassen hat, bis er gefunden hat, wohin der wahre Gott ihn führen will.
Es ist also die Leidenschaft nach der Stimmigkeit, nach der Wahrheit, die ihn antreibt – und die ihn zum Stammvater der Glaubenden werden lässt, wie wir das – manchmal fast ein wenig klischeehaft – formulieren, zum Stammvater, zur gemeinsamen Basis dreier großer Religionsgemeinschaften: der Juden, der Christen und der Muslime.

Im Fundament dieser Religionen steckt also eine Urdynamik: Man muss es doch als Wunder bezeichnen, wenn ein Mensch so seine Gewohnheit, seine gewohnte

Umgebung, die Heimat, die Sicherheit der Tradition, die Strukturen verlässt, wenn ein Mensch sich so selbst übersteigt – das ist eine Transzendenzerfahrung.

Ausgezogen sind viele Menschen – aus beruflichen Gründen, weil sie Fernweh hatten, aus Abenteuerlust, weil sie daheim bedrängt oder verfolgt wurden. Wir müssen heute aus vielen Gründen mobil sein – und äußerlich sind wir es in der Regel auch.

Aber in dem Sinn, wie es uns die Lesung von Abraham beispielhaft vorstellt?

Da waren auch immer wieder Menschen mobil: die Propheten bei den Juden, Jesus mit seiner Botschaft, ein Franziskus und viele andere Beispiele mehr kommen uns da in den Sinn. Und welches Schicksal hatten sie? Misstrauisch beäugt, verdächtigt der Ruhestörung, mit Vorwürfen konfrontiert, sie seien nicht religiös, an den Rand gedrängt, verfolgt, verketzert usw. Wir dürfen das nicht übersehen, diese Spannungen gehören zum Bild dieser Heiligen, dieser Außergewöhnlichen, die uns immer wieder als Vorbild hingestellt werden

Sie haben hingehört, sie haben gerungen um die Stimmigkeit in der Schöpfung, in den Menschen, der Menschen untereinander und mit Gott, sie haben die Not der Welt gesehen und darin den Anruf Gottes gehört.

Sie spürten, dass sie neue Wege gehen mussten, wenn sie den Menschen gerecht werden wollten. Sie bahnen neue Wege – unter großen Schwierigkeiten und Opfern. Immer wieder sind in der Gemeinschaft der Glaubenden solche Gestalten notwendig, solche Bahnbrecher, die neue, unerhörte Durchbrüche bringen, neue Dimensionen eröffnen.

Menschen, die die schützenden, behaglichen Hütten aufgeben, in die Fremde, in ein neues Land gehen und dort das Gottesvolk sammeln, damit es zum Segen werde.

Nur durch den Auszug kommt es zur konkreten, individuellen Erfahrung von Berufung und Glauben. Der Auszug verwandelt uns zu Sehenden. Wir müssen die Mauern überspringen, die sich uns unwillkürlich immer wieder aufbauen durch selbstverständlich gewordene Sehgewohnheiten, eingeschliffenes Handeln und die Routine des Alltags. Lassen wir uns herausfordern von denen, die jenseits der Mauern uns mit Ungewohntem und damit oft auch Unbequemem, Unbehaglichem konfrontieren. Wagen wir den Schritt ins Offene, dann werden wir verwandelt, denn dann trägt die Zusage Gottes: Die ihn lieben sind wie der Aufgang der Sonne in ihrer Macht (Ri 5, 31)

Sie leuchten, sie strahlen, sie weisen uns hin auf eine Vollkommenheit, auf ein Glück, auf eine Klarheit, auf einen Frieden, nach dem wir uns letztlich alle sehnen.

In einer ganz besonders intensiven Weise leuchtet uns diese Zielgestalt in Jesus in der Taborszene des heutigen Evangeliums auf: Christus scheint als der Vollendete auf und als jener, der zur Vollendung führt. Er wird kurz vor dem Karfreitag, kurz vor dem scheinbaren Scheitern deutlich bestätigt. Wir werden ermutigt, auf ihn zu hören, weil in ihm Gottes verklärende Kraft aufleuchtet.

Die Kraft eines Gottes, der immer neu herausruft (ekklesia), der das Licht, das Feuer in uns entfachen will. Ersticken wir es nicht, damit wir nicht graue, fahle Asche auf den Berg tragen und das Feuer in die Täler werfen müssen, damit es dort brenne - wie Nietzsche in seinem Zarathustra die Taborszene umkehrt und uns Christen kritisiert.

Haben wir den Mut, auf den Berg zu steigen, uns dort Klarheit zu verschaffen, schenken zu lassen über Leben und Sterben, das Feuer in uns entfachen zu lassen und es hineinzutragen in diese Welt, für die wir ein Segen sein sollen.

Matthäus 13,24-43: Lasst beides wachsen bis zur Ernte

„Wenn jeder alles von dem anderen wüsste, es würde jeder gern und leicht verzeihen, es gäbe keinen Stolz mehr, keinen Hochmut." Lesen wir bei dem persischen Mystiker und Lyriker des 13. Jahrhunderts Hafes.

Das ist die Weisheit, die auch aus der ersten Lesung spricht: Deine Stärke ist die Grundlage deiner Gerechtigkeit und deine Herrschaft über alles lässt dich gegen alles Nachsicht üben.

Das ist eine Form von Souveränität, der wir nur selten begegnen. Eine Souveränität auf der Grundlage eines unerschütterlichen Vertrauens und eines ungeheuren Optimismus. Eine Souveränität, die Gelassenheit, keineswegs Gleichgültigkeit zur Konsequenz hat: Lasst beides wachsen, das Unkraut und den Weizen. Und diese Aussage ist nach der Erkenntnis der Fachleute der Kern der Aussage Jesu im ersten Gleichnis des heutigen Evangeliums. Der Grundton der Zuversicht dominiert; freilich spielt die Erfahrung der Ablehnung, des Abfalls, der Bosheit kräftig herein. Aber man soll sich nicht provozieren lassen. Säen und Wachsenlassen sind Ausdruck der Zuversicht. Nicht das Dreinschlagen, sondern die zuversichtliche Verkündigung bleiben unsere Aufgabe. In der unermüdlichen Zuversicht, in der positiven Grundhaltung des Säens tragen wir den Geist Jesu weiter, harmonieren wir mit der Schöpfung, die positiven Kräfte, die im kleinsten Korn liegen können, aufwachsen zu lassen, damit sie sich ausbreiten zum Schutz. Die Konzentration des Guten, des Wohltuns, des Wohlwollens, das alles durchdringen kann, wird auch im dritten Gleichnis des heutigen Evangeliums angesprochen: das kleine wenig an Sauerteig, kann auch einen halben Zentner Mehl durchsäuern und verwandeln.

Diese Botschaft wird gern auf den Auftrag von Gemeinde und Kirche hin ausgedeutet: die Gemeinde, die Gemeinschaft der Christen soll Senfkorn, Sauerteig sein in dieser Welt, sie durchdringen, verändern, hinführen in die Herrschaft

Gottes, die sich am Ende der Zeit endgültig durchsetzen wird. Diese Deutung ist richtig, vernachlässigt aber eine Ebene, die Grundvoraussetzung ist, nämlich jeden einzelnen Menschen. Denn der Sauerteig für diese Welt lässt sich nicht einfach identifizieren mit der Kirche, sondern es ist das Reich Gottes. Und das Reich Gottes kommt von Gott, es ist uns Menschen nicht verfügbar. Es wirkt – als Sauerteig – durch das Wort vom Reich, das wir hören, das uns trifft und ergreift, das wir annehmen, verwirklichen, leben. Wir sollen also Trägerin und Träger dieses Sauerteiges werden, dieser Wirkkraft ein Medium geben, den Weg bereiten.

Wie soll das gehen?

Liebe Schwestern und Brüder, eine Realisierungsmöglichkeit zeigen die heutigen Lesungen.

Sie begegnen sicher auch immer wieder Menschen, die sich darin gefallen, dauernd zu nörgeln und kritisieren, die es offensichtlich brauchen, andere dauernd zu korrigieren, deren Heiterkeit und Humor sich darin erschöpfen, andere lächerlich zu machen, die nur zu sich selbst finden können, wenn sie exklusiv sind, wenn sie sich von anderen überheblich abgrenzen können (ich bin nicht so wie der da hinten), die ihre eigene Qualität vermeintlich nur dann finden, wenn sie andere herabwürdigen, wenn sie andere ausschließen und deklassieren usw. Diese Mechanismen funktionieren auf der Ebene der Begegnung von Einzelmenschen, von Gruppen, auch von Völkern und Volksgruppen – und auch in der Kirche, zwischen den Kirchen und Religionen.

Gegen diese Tendenzen, die wir alle in uns tragen, die wir wohl auch nicht ausreißen können und sollen, die wir aber durchsäuern sollen, gegen diese letztlich zerstörerischen Tendenzen setzt das heutige Evangelium eine Alternative: Jesus präsentiert uns eine Haltung, die uns würdig macht, am Schöpfungswerk Gottes mitzuwirken, das Reich Gottes prägnanter zum Durchbruch kommen zu lassen, eine Haltung der Souveränität, die integrieren kann. Ich möchte das an zwei Kernaussagen festmachen und verdeutlichen: an dem Appell, beides wachsen zu lassen und an die Aussage er redete nur in Gleichnissen zu ihnen. Der Hinweis auf Jesu besondere Art zu reden, macht deutlich, dass nicht nur der Inhalt bedeutend ist, sondern auch die Form: Jesus brachte seine Botschaft den Hörern im anschaulichen, erzählenden, oft mehrdeutigen Gleichnis nahe, das in seiner poetischen und implizit auch ethischen Kraft eine Langzeitwirkung in den Hörerinnen und Hörern entfalten kann. Und ein Gleichnis grenzt nicht aus wie eine Definition, wie ein Lehrsatz, der in seiner Prägnanz handhabbar sein soll. Diese Redeweise ist eine andere Form der Souveränität als die Macht der Lehrsätze und Formeln.

Schließlich der Appell, beides, Weizen und Unkraut, wachsen zu lassen, ist der Appell zu einer Haltung, die nur möglich ist auf der Grundlage eines tiefen Vertrauens auf die Kraft des guten Samens, auf die Kraft des Sauerteigs, der uns zugesagt ist. Ein tiefes Vertrauen darauf, dass die Welt auf das Reich Gottes hin angelegt ist – und jeder Mensch in dieser Welt, mag auch das Unkraut noch so mächtig erscheinen. Will ich Wegbereiter dieses Sauerteigs sein, dann darf ich in dieser Grundeinsicht des Vertrauens, nicht herunterschauen und herunterspucken und verächtlich machen. Ich muss den Menschen so ansehen, solche Töne anschlagen, dass der gute Same sich entfalten kann. Dass das eine ungeheure Aufgabe ist, sehen wir schnell ein, wenn wir unseren Alltag daraufhin überprüfen. Wir werden auch nicht aus eigener Kraft zu dieser Haltung kommen, von der uns selbst oft nicht klar ist, wie sie aussehen müsste. Bitten wir den Geist, dass er in uns wirke (damit das Reich Gottes uns nahe komme).

Matthäus 15,21-28: Das Brot den Hündlein vorwerfen

Liebe Gemeinde,

wir sagen immer, wir verkünden eine Frohe Botschaft, eine Gute Nachricht. Und dann lesen wir da heute eine Antwort Jesu: Es ist nicht recht, den Kindern das Brot zu nehmen und den Hündlein vorzuwerfen.

Ein solcher Satz könnte ja aus dem Wahlkampf sein, könnte vom legendären Stammtisch kommen. Aber als Frohe Botschaft aus dem Mund Jesu?

Eine Frau, deren Welt perspektivlos ist, zusammengebrochen ist, weil die Tochter krank ist, noch schlimmer: deren Tochter angeblich von einem Dämon besessen ist, wird erst einmal schnöde ignoriert, zurückgewiesen in ihrer verzweifelten Hartnäckigkeit – keine erbarmende und nachgehende Seelsorge. Weil die Frau nicht zu uns gehört, keine Jüdin ist, sondern Heidin.

Sie macht Theater, den Jüngern ist das gar nicht recht, Ignorieren hilft bei dieser Hartnäckigkeit nicht, also bitten sie Jesus einzugreifen. Wieder: nicht zu helfen, sondern sie wegzuschicken. Und die Antwort Jesu: nicht an die Frau, sondern an seine Jünger, gleichsam wie in einem Lehrgespräch, wie aus einem tiefen Nachdenken über seine Bestimmung, über seine Sendung kommend: Ich bin nur gesandt zu den verlorenen Schafen des Hauses Israel.

Da war ja die alttestamentliche Prophetie schon weitherziger: Die Fremden, die sich dem Herrn angeschlossen haben....bringe ich zu meinem heiligen Berg und erfülle sie in meinem Bethaus mit Freude. ... denn mein Haus wird ein Haus des Gebets für alle Völker genannt.

Die Frau ist in ihrer Hilflosigkeit und in ihrer Erwartung an diesen Menschen, der Heil bringen soll hartnäckig, nicht anstandslos und unfreundlich: sie wirft sich nieder und bringt ganz schnörkellos ihre Bitte vor: Herr hilf mir. Ratlosigkeit, existentielle Betroffenheit stecken in diesem Schrei. Sie ruft um Erbarmen und Hilfe, wie Gott häufig in den Psalmen um Erbarmen angegangen wird. Sie spricht Jesus auf zweifache Weise an: als der Herr, der Wunder getan hat und mit seiner Lehre Aufsehen erregt hat und als Davidssohn. Sie bekennt also, dass Jesus der Messias ist, ein Bekenntnis, das viele Juden verweigern.

Und trotzdem lässt sich Jesus auf den Ruf der Frau nicht ein. Viel schlimmer noch: er beleidigt sie in grober Weise. Einen Menschen mit einem Hund zu vergleichen ist ein grober Klotz, der da gesetzt wird: Es ist nicht recht, den Kindern das Brot zu nehmen und den Hündlein vorzuwerfen.

Die Frau aber bleibt hartnäckig und reagiert schlagfertig: Sie greift das Bild des Hundes positiv auf und erwidert, dass doch selbst die Hunde Anspruch haben auf die Brotreste vom Tisch ihrer Herren; ein Hinweis so nach dem Motto: Auch die Hunde sind Geschöpfe deines Gottes und wollen leben. Auf diese Weise wird die Frau eine echte Dialogpartnerin für Jesus, wird das ganze wahrlich ein Lehrgespräch, in dem Jesus einsieht, dass der Glaube und sein Auftrag nicht auf die engen Grenzen eines Volkes beschränkt sind. Mit so viel gläubig-mutigem Vertrauen hatte Jesus wohl nicht gerechnet, es klingt überrascht: Frau, groß ist dein Glaube. Dir geschehe wie du willst. Jesus entdeckt und findet hier einen Glauben, den er eigentlich in seinem Volk sucht, den er durch seine Botschaft hervorrufen möchte: ein Glaube, der nicht eine feige Ergebung in das bedeutet, was kommen muss, sondern dessen Überwindung, ein Glaube, der zäh ist und hartnäckig, der sich nicht abwimmeln lässt, der nachgeht, der schlagfertig macht, selbstbewusst und demütig, ein Glaube, der zur Rede stellt, der Jesus hellhörig und nachdenklich macht – und so Grenzen aufsprengt.

Was steckt da an Ringen dahinter, die Grenzen des Eigenen zu überschreiten. Ein Ringen bei Jesus, unter seinen Jüngern in den frühen christlichen Gemeinden, in den langen Traditionen der Verkündigung christlicher Botschaft

Was sehen wir da, wie viel Hartnäckigkeit – oft auch von außen - notwendig ist.

Erweisen wir uns den Ergebnissen dieses Ringens würdig: der Glaube der Menschen lässt sich nicht für eine abgesonderte Gruppe exklusiv reklamieren, damit lässt sich keine ausgrenzende Identität stiften, der Glaube ist grenzenlos. Und wo immer er sich findet, muss Heilung geschehen und geschieht Heilung, von Gott her, das sagen die beiden heutigen Lesungen ganz eindeutig.

Warum das Leid?

Warum? Warum? Warum?
Warum diese Schwere in mir?
Warum die Nacht um mich?
Warum gerade ich?

Der Hunger der Welt – warum?
Die Elendsquartiere – warum?
Das missbrauchte Kind – warum?

Warum der Krebs?
Warum der Tod?
Warum die Angst?
Warum? Warum? Warum? Formuliert der Kapuzinerpater Anton Rotzetter, geschult in der franziskanischen Spiritualität, mit vielfältigen Erfahrungen aus den jungen Kirchen Lateinamerikas und Afrikas in einem Gebet zur Passion.
Warum, Warum, Warum all die Hiobsbotschaften, von denen unsere Ohren voll sind: Warum diese wahnsinnigen Waffenprogramme, Warum die Militäraufmärsche, Warum der Hunger, Warum müssen Kinder verhungern, an Aids sterben, warum trifft gerade mich diese Krankheit, warum gerade jetzt, warum so, warum, warum, warum

Monde voll Enttäuschung unser Erbe, die Nächte voller Mühsal, gesättigt von Unrast. Mit diesen Klagen können wir uns auch immer wieder identifizieren. Es braucht uns also nicht wundern, dass Hiob in der modernen Literatur keine unbekannte Gestalt ist, eher schon in der Leseordnung unserer kirchlichen Liturgie,

da finden wir in der Leseordnung nur zwei Lesungen aus diesem Buch um und mit dem gottesfürchtigen und wohlhabenden Mann Hiob.
Um diesen Hiob rechten und wetten Gott und Satan. Satan behauptet, Hiob sei nur fromm, weil er durch reichen Besitz gesegnet ist. Gott will das widerlegen und so lässt er dem Satan freie Hand gegenüber Hiobs Besitz und seinen Angehörigen. Hiobs Herden werden von den Feinden geraubt und vom Feuer vernichtet, die Kinder sterben in einem Unwetter. Hiobs Antwort auf all diese schrecklichen Botschaften: Der Herr hat's gegeben, der Herr hat's genommen, der Name des Herrn sei gelobt (1,21). Für Satan scheint die Wette verloren, der aber meint, Hiob sei nur so standhaft, weil er selbst bislang verschont geblieben ist. So gibt Gott auch Hiob selbst in die Hand Satans: sein Körper wird von schlimmen Geschwüren befallen. Sind das nun Auswürfe einer verborgenen Schuld? Nein, er leidet ungerecht; die traditionelle religiöse Erklärung des Leidens wird hier durchbrochen: der Gerechte leidet, und der Leidende klagt, aber in all dem Klagen, das sich von Mal zu Mal verschärft, bleibt doch Gott der Ansprechpartner, auch dort, wo er alles verloren hat, auch seine Gesundheit – und wo er noch nicht weiß, dass das ganze Experiment am Ende gut ausgehen wird, dass er rehabilitiert werden wird, dass Reichtum und Ehre restituiert werden.
Wie er da in der Asche sitzt und mit den Scherben in seinen Geschwüren kratzt, nimmt er einiges an Erfahrungen der Menschen unserer Tage vorweg. Man denkt an ein absurdes Theater: die Welt als Misthaufen, oben drauf der Mensch, der seinen fauligen Rücken kratzt und in langen Monologen das Verlorene und das Unverständliche der Gegenwart beschwört, der sich im Klagen Luft zu verschaffen versucht. Und das Ende in diesem absurden Theater: es bleibt meist offen oder trostlos. Anders bei Hiob: er kann am Ende die Scherbe aus der Hand legen und sich aus der Asche erheben...
Aber bleibt nicht doch auch nach dem happy end dieser immerwährende Stachel, diese bohrende Frage: Warum musste er das erdulden, warum musste er all das erleiden? Und die Antwort, dass das Leid Folge und Strafe der Sünde des

Leidenden sei, also so etwas wie ein gerechter Ausgleich, diese Antwort ist auch noch zerrissen, für nicht tragfähig erklärt. Wohin also mit der Frage nach dem Leid?

Sollen wir die Auflösung ins Jenseits verlegen, weil alle irdischen Versuche, Heil herbeizuführen scheitern? Wird es uns aber nicht angesichts des eklatanten Scheiterns gerade im 20. Jahrhundert immer mehr auch zur Frage, ob es diese Auflösung im Jenseits geben wird?

Der ungarisch jüdische Schriftsteller und Friedensnobelpreisträger Imre Kertesz hat das Thema der Absurdität in vielen seiner Schriften aufgegriffen, weil er das Zerbrechen des Heils in der Vernichtung des jüdischen Volkes im Hitlerreich miterlebt hat; der klagende Hiob wird ausgedehnt und intensiviert. Und auch bei ihm kennt die Klage einen Adressaten: er formulierte in seiner Stockholmer Nobelpreisrede, er wisse sich der Liebe verdankt.

Das ist wahrlich keine direkte Antwort auf die Frage nach dem Warum des Leids, denn diese Antwort liegt auf einer ganz anderen Ebene, aber es ist wahrscheinlich die einzig wirksame Antwort: der Liebe verdankt.

In diesem Kontext und in diesem Sinn lese ich das heutige Evangelium: Jesus heilt die Schwiegermutter des Petrus, wie es die Situation erfordert, am Sabbat, trotz aller Vorschriften und Verbote. Er lässt sich die Not erzählen, hört sich die Sorgen an, trägt die Sorgen mit. Er fasst sie an der Hand und richtet sie auf. Keine lange Rede, keine allgemein gültige flächendeckende Rezeptlösung und gültige Erklärung, sondern die Sorge um das Leid dieser Frau; er fasst sie an der Hand, er richtet sie auf.

Und damit ist die Geschichte noch nicht zu Ende: Und sie sorgte für sie; dieser Impuls geht weiter. In diesen Taten erfüllt sich der Sabbat als Ziel der Schöpfung: der Liebe verdankt einschwingen in die Sorge und Freude Gottes über die Welt des Menschen

Wenn das Weizenkorn nicht in die Erde fällt und stirbt

Wir müssen es uns in der Tat mehrmals zurufen, wir müssen es nach jeder Stro-phe als Refrain singen: Geheimnis des Glaubens: im Tod ist das Leben. Wir sind es gewohnt, dieses Lied als Trostlied im Trauergottesdienst zu singen. Aber: kann es heute noch so selbstverständlich Trost spenden? Wir wissen doch um die Zweifel, auch in den eigenen Reihen (Umfragen belegen das) und vielleicht auch bei uns selbst - denn es ist wahrlich keine leichte, eingängliche und selbst-verständliche Kost, die uns da geboten wird: im Tod ist das Leben.
Und wenn es denn stimmt, dass es ein Geheimnis des Glaubens sein soll, dann befürchte ich, werden wir dieses Geheimnis auch heute Abend nicht lüften. Denn Rätsel können wir lösen Geheimnisse wollen ihren Kern für unseren Ver-stand nicht entbergen.
Bleibt uns also nur die Spurensuche:

Zum Lied: Kontext des Aufbruchs im Glauben in der unmittelbaren Zeit nach dem 2. Vaticanum, die Hoffnungen der Aufbruchsbewegungen des 20. Jahrhunderts sind quasi gebündelt, vor allem die Sehnsucht nach Einheit, damit die Kraft des Zeugnisses in der Welt, in der Gesellschaft wieder klarer und deutli-cher leuchte.

Das Sterben müssen und der Hoffnungsgrund, dass im Tod das Leben sei, bilden den Rahmen der ersten Strophe.
Wir sterben viele Tode: der Schlaf als Bruder des Todes, Abschiednehmen, Aufgeben, heißt immer auch ein Stück Leben abgeben, um ein anderes Leben zu gewinnen.3

Der eine lebt vom andern, für sich kann keiner sein: Wir müssen sterben, damit wir uns nicht abkapseln, damit wir nicht vereinsamen, damit wir nicht mit dem Blick allein auf uns selbst erstarren und vereisen

Der eine lebt vom andern: Hingabe, Aufgabe, Eingehen in die Aufgabe des Augenblicks, wie das Weizenkorn eingeht in den ihn umgebenden Boden, durchtränkt und aufgeweicht wird und darin die neu gestaltende Kraft entfaltet, den Vorratspanzer aufbraucht und damit aufsprengende Kraft entwickelt

Das Da-Sein für...

Das Analogon für das Weizenkorn ist Christi Hingabe, das ist die Basis, der Grund unserer Hoffnung. Er verschenkt sich wie Brot, das aus den vielen Körnern gewonnen wird, aus den Körnern, die gestorben sind, reiche Frucht getragen haben und auf der Veredelungsstufe eine neue Einheit bilden, neue Kräfte zur Verfügung stellen, nicht mehr sich selbst nähren und fortentwickeln, sondern den Menschen zur Nahrung dienen – Hingabe und Umwandlung in ganz anderes

Das Brot als Symbol für Christi Tod

Die Verkündigung: die Speise hat Auswirkung, man muss etwas sehen in der Folge

So bringt denn auch die dritte Strophe den Appell: Wenn wir dieses Geheimnis der Hingabe und Verwandlung, des Kräftezuwachses feiern, sollen wir selbst Symbol sein – wie dieses Brot – wir sollen solidarisch sein, wir sollen mitleiden, wir sollen aktiv werden, Kräfte mobilisieren in der Not der Menschen, wir sollen uns verzehren lassen von aller Menschennot

Da gibt es keine Distanz mehr, keine reinen Hände im dreckigen Geschäft der Welt, keine höhere Warte des Zuschauers und Verwalters, kein Amt, das Rücksichten zulässt, sondern nur den Eifer für die Sache des Herrn, dem es um die Menschen geht, damit sie das Leben haben und es in Fülle haben – wie wir gern so schön formulieren. Aber müssen nicht angesichts der Radikalität dieser Forderung die Formeln bersten?

Wenn ich hier Sätze bilde, stelle ich dem Subjekt Objekte gegenüber, ordne sie unter, ordne sie ein, klassifiziere und qualifiziere, übe Macht aus – lasse ich mich da verzehren oder verzehre ich?
Was zählen diese Sätze angesichts des Todes, der extremen Notsituation des Menschen?
Das Da-Sein, der Händedruck, die gestammelten Worte...
Wir leben füreinander und nur die Liebe zählt – darin liegt wohl das Geheimnis: so ist im Tod Leben. Die Liebe ist die Spur über die Grenze, die der Tod uns unerbittlich setzt. Die Liebe, die auf meiner Wandlung, Veränderung im Einsatz für die Mitmenschen beruht
Das Bild des Weizenkorns erweckt in uns die Hoffnung, dass wir dort, wo wir vergehen, aufgehen, eingehen, neu werden – nicht im Sinne der alten Sehnsucht nach dem ewigen Jungbrunnen, nach dem unendlichen Kreislauf von Winter und Frühling, sondern im Sinne einer radikalen Wandlung durch den anderen (Menschen und damit auch durch Gott)
Nicht nur die jenseitige Auferstehung im Blick haben, sondern auch die Auferstehung in der Liebe:

Der johanneische Kontext

Das Lied steht im katholischen Gesangbuch, im Gotteslob unter der Rubrik „Leben aus dem Glauben“. Ist es überhaupt ein Passionslied? Das Bild mit dem Weizenkorn, die Grundbotschaft dieses Liedes hat seine Verortung im 12. Kapitel des Johannesevangeliums, im Einzug Jesu in Jerusalem. Liturgisch gesehen, bewegen wir uns also in den Ereignissen der Karwoche: Jesus ist auf dem Weg zu seinem Todespascha, zum Kreuz, zur Erhöhung und Verherrlichung.
Der Evangelist hat hier mit intensiver Gestaltungskraft einen passenden Abschluss der öffentlichen Wirksamkeit Jesu gefunden. Es handelt sich um einen Ausblick auf den Tod des Menschensohnes, es ist ein Ausblick auf die Verherrlichung und den Sieg – selbst an der Stelle, wo die dunkelste Stunde, nämlich der Tod, angesprochen wird wie im Vers 24 „Wahrlich, wahrlich, ich sage euch: Wenn das Weizenkorn nicht in die Erde fällt und stirbt, bleibt es allein; wenn es aber stirbt, bringt es viele Frucht.“ Das ist der typische johanneische Horizont: die Verherrlichungstheologie, die selbst die größte Finsternis durchleuchtet.
Der verherrlichte Jesus, der hier, so der Rahmen dieser Szene, vor die fragenden und suchenden Griechen tritt.
U.a. deutet er sein Ende und seine gesamte Sendung mit dem kleinen Gleichnis, das diesen einen Vers 24 umfasst. Sein Sterben ist fruchtbar, weil es zur Verherrlichung führt. Jesu Tod ist notwendig, um reiche Missionsfrucht einzubringen.
In der jüdischen, v.a. der rabbinischen Gleichnissprache ist das Bild vom Weizenkorn durchaus gebräuchlich: Wie das Weizenkorn aus seinen vielen Umkleidungen herauswächst, so werden am jüngsten Tag die Gerechten, die in ihren Gewändern begraben werden, daraus wieder hervorgehen. Das Gleichnis ist eine Form der Leidensankündigung Jesu, wie wir sie von den anderen drei Evangelien her auch kennen. Und diese Leidensankündigung wird katechetisch eingesetzt, ganz im Sinne der urkirchlichen und frühchristlichen Tradition: die Jünger

sind auf den Todesweg des Herrn verwiesen, sie müssen ihm im Tod nachfolgen, ihr Leben verlieren, wollen sie Zeugnis geben. Und das kann zunächst ganz handfest gemeint sein: martyria bedeutet oft auch den leiblichen Tod. Das braucht die Jünger aber nicht deprimieren, sie haben die Zusage, dass der Tod nicht Untergang, sondern Erfüllung des wahren Lebens ist.

Was ist mit diesem wahren Leben gemeint? Wissen wir so einfach zu bestimmen, was Leben ist? Die Debatten um die Humangenetik, um Stammzellenforschung und Abtreibung zeigen ebenso wie die Auseinandersetzungen um die aktive Sterbehilfe, dass ein Konsens zumindest über Anfang und Ende des Lebens in unserer Gesellschaft nunmehr schwer zu finden ist.

Kann in diesem Kontext die johanneische Vorstellung von Leben und wahrem Leben, zu dem Jesus führt, zu dem er der Weg ist (14,6) eine Orientierungshilfe geben?

Bei Joh liegt nicht wie bei den Synoptikern der Akzent auf der futurisch-eschatologischen Dimension des ewigen Lebens, sondern auf der präsentischen: das gegenwärtige und bleibende Leben, das dem Glaubenden verliehen wird, hat eine offene Zukunft, es beginnt aber nicht erst in der Zukunft. Gegenwart und Zukunft sind zwar wegen unserer irdischen Existenzweise noch in einer Spannung; seit der Auferstehung Jesu aber ist das ewige Leben durch den Geist entbunden und wirkt in den Gläubigen; diese neue Lebensmacht muss sich auch im sittlichen Bemühen ausweisen.

Ich bin die Auferstehung und das Leben (11,25), d.h. das Leben Gottes für die Menschen wird nicht erst erscheinen, sondern ist bereits erschienen. D.h. für Joh, dass ewiges Leben nicht eschatologisch oder postmortal zu verstehen ist. Christus lebt und ist die Quelle des Lebens für alle, die an ihn glauben. Diese Glaubenden sind aus dem Todesbereich befreit, sie überwinden die Todesgrenze, aber nicht in einer zukünftigen Perspektive, sondern schon jetzt, im gegenwärtigen Augenblick des Lebens. Es ist Teilhabe am Leben Gottes, dem Ursprung allen Lebens.

Letztlich bewegen wir uns mit diesen inhaltlichen Füllungen in der Kategorie der personalen Relation und Partizipation – die lebendig-bewusste Beziehung zu Christus und zu Gott, die auffordernd übertragen wird auf den Mitmenschen: das Bleiben in der Liebe. Dieses Geschenk des Lebens ist Gabe und Aufgabe in einem: Das von Gott geschenkte Leben als Leben mit Gott muss sich im Umgang mit den Menschen bewähren.

Damit ist das menschliche Leben anders als das Leben, das man sonst auf Erden findet: das menschliche Leben ist ausgestreckt und bezogen auf den anderen; der Mensch soll Gott innerlich erfassen, soll die Gemeinschaft mit Gott finden.

Warnung vor dem Geplapper über das ewige Leben als Vertröstung; wir spüren den Stachel des Todes.

Fazit: Auferstehung durch die Liebe

Applikativer, meditativer Teil:

Von der Erde genommen, in die Erde gelegt, zu Staub zerfallen
In neuer Kraft zu jungem Grün geformt
Vermehrt und gemahlen wird es zur Speise
Leben spendend über alles sterbende Leben hinaus

Jesus der in uns weiter lebt, leidet und stirbt
Und auch aufersteht
Wie das einsame Weizenkorn
In die vielfältige gold-gelbe Fülle der Ähre
Aufersteht

Erdenschoß Mutterschoß einer
Mütterlichen Schmerzensmutter
Zu der wir uns als gottesvolkliche Mutterkirche
Zusammentun

Jesu Leiden wird in unserem leidenschaftlichen Leben
Zu Ende gelitten
Leidenschaft ist der einzige Ausweg aus allen möglichen Toden ins Leben

Hoffnungen, die wir zu Grabe tragen: geliebte Menschen, die wir der Erde übergeben mussten
Herausforderung an uns, damit Neues werden kann
Nur wenn ich hergebe und begrabe, kann Neues werden
Nur in der Liebe zeigt sich der Weg zum Leben
Wir können Leben fördern nur durch Liebe

Karfreitag 2002

„Und ich, wenn ich erhöht werde von der Erde, so will ich alle zu mir ziehen!" heißt es bei Joh 12, 32 vorausschauend auf den Karfreitag.

Liebe Gemeinde! Zugegeben: Wir lassen uns doch gern in die Höhe ziehen, ins Rampenlicht, an die Macht, zu Reichtum und Ansehen, zum Erfolg, zum strahlenden, triumphierenden König, der mit Macht alles richtet...
Aber wohin sollen wir da gezogen werden?
Erliegen wir nicht den Versuchungen des Verführers, wenn wir die Erhöhung mit der Glorie gleichsetzen? Ist die Krone nicht eine Illusion des Teufels?
An das Schandmal par excellence werden wir gezogen, in den Ver-Ruf, in die Wehrlosigkeit, in die absolute Ohnmacht.

Die Lektorinnen und Lektoren, die Sängerinnen und Sänger der Passion sind durch das Titelbild auf ihrer Partitur eingestimmt worden auf diese jetzige Stunde: es ist ein Bild von Salvador Dali: Magdalena unter dem Kreuz.
Seht, welch ein Mensch! Nein, da sehen wir nichts mehr. Was den Menschen prägnant und präsent macht, die Stimme und das Gesicht – verklungen und verhangen. Ein schwarzer Klecks, der Vorhang zu. Da meint man zunächst nichts mehr von der Hoheit und Würde Jesu, wie sie Johannes selbst noch in der Todesszene zeichnet, zu vernehmen. Schon eher den Nachhall der todesbangen Frage und Klage „Mein Gott, mein Gott, warum hast du mich verlassen" der matthäischen Passionsszene.
In die Gottverlassenheit, in den Aufschrei, in die Klage: Mein Gott, mein Gott, warum hast du mich verlassen, in die Ohnmacht, in das Elend, in die Hilflosigkeit werden wir hineingezogen. Gott hat den bitteren Kelch nicht vorüber gehen lassen. Hat er nicht helfen können oder nicht helfen wollen?
Warum hat er so geholfen?

Können wir diese Dramatik wirklich durchhalten, diese Erhöhung ans Kreuz? Verbrechertod, Gesetzesbrecher, aus der Gesellschaft ausgegrenzt, getreten, geschmäht, verhöhnt, verspottet, die Botschaft scheinbar annulliert, die Lebenspläne durchkreuzt...

Finden wir da nicht auch den Ausgang des Dramas sympathischer, den der Innsbrucker Altbischof Reinhold Stecher in einer seiner Erzählungen „Fröhlich und ernst unter der Mitra“ in der sogenannten „Leidensgeschichte nach Lukas“ präsentiert. Lukas ist ein Schüler, der im Religionsunterricht vorbildlich die Passionsgeschichte erzählt hat. Mit einer echten und tiefen Entrüstung berichtete er über die Gemeinheiten, die da mit Jesus getrieben wurden. Weil er sich so hineingesteigert hatte in die Geschichte, konnte er auch mit ihrem Ausgang nicht zufrieden sein. Deswegen lässt er einen von den beiden Schächern zu Jesus sagen: Wenn du wirklich der Messias bist, dann steig abi vom Kreuz... und dann... dann schlagen wir sie her – gemeint war die ganze Bagage unter dem Kreuz, die ihn ans Kreuz gebracht hatte.
Wollen wir da nicht auch lieber, dass Jesus heruntersteigt? Und sind wir in der Geschichte des Christentums nicht unsäglich oft heruntergestiegen vom Kreuz und haben sie hergeschlagen, ausgegrenzt, diskriminiert?

Warum nur, warum bist du gekommen, uns zu stören? Warum kommst du jeden Karfreitag neu mit deiner Botschaft von dieser so fremdartigen Erhöhung?
Halten wir diese Dramatik durch? Oder beruhigen wir uns nicht vielmehr, weil wir ja wissen, dass alles gut ausgeht? Weil wir zu wissen meinen, dass noch eine andere Erhöhung folgt. Wissen wir das für uns so sicher? Gibt es eine andere Erhöhung als die des Kreuzes?

Wird nicht in diesem Sterben, in dieser Liebe das Paradies aufgetan? Heute noch wirst du... Hier findet alles Suchen und Seufzen der Kreatur, das Paulus so treffend ins Wort hebt, ein Ziel. Thomas von Aquin drückt das, gestützt auf ein Bild von den Kirchenvätern sehr schön aus: das Kreuz wurde aufgerichtet, nicht unter einem Dach, in einem abgegrenzten Raum, völlig frei in der Natur, das Blut fällt auf den Boden, damit wirklich alles hineingenommen werde in die Erlösung: der Boden, die Luft, die Menschen.

Die Erhöhung ans Kreuz - eine letzte Konsequenz vom Berge versetzenden Glauben, diese letzte Konsequenz aus dem Exodus aus den Traditionen und Gewohnheiten, wie Jesus ihn so oft vornahm... dieser Schlüssel zu unserem Glauben. Wir können die Botschaft Jesu nur von dieser Warte aus verstehen und leben.

„Allezeit tragen wir die Tötung Jesu an unserem Leib herum“, schreibt Paulus in seinem zweiten Brief an die Gemeinde in Korinth. Das meint nicht theatralisch zur Schau tragen, das muss sich in Haltung und Gesinnung ausdrücken. Es ist ein faszinierendes Bild, das man sich kaum vorstellen kann: Alle Christinnen und Christen würden die Tötung Jesu an ihrem Leib herumtragen, sich so lassen und einlassen auf den Willen Gottes, der den Kelch nicht immer vorüber gehen lässt.

Diese Tötung Jesu am Leib herumtragen muss nicht notwendig ein körperliches Leid sein, es kann auch all die Unbill, die Hindernisse, die Bedrängnis sein, die die ernste Nachfolge uns auferlegt, wenn wir nicht die breite Straße, sondern den engen, schmalen, steilen, steinigen Weg gehen. Jammern wir nicht schon, wenn einmal ein Gottesdienst zehn Minuten länger dauert, als wir eingeplant hatten?

Äußerlich gesehen ist dieser Weg eine Einbuße, ein Verlust, ein Aufgeben. Innerlich aber ist er ein Gewinn, eine Chance. Denn wie formuliert Paulus weiter: Allezeit tragen wir die Tötung Jesu an unserem Leib herum, damit auch das Leben Jesu an unserem Leibe offenbar werde.

Diese Nachfolge, dieser Klärungs- und Reifungsprozess im Leiden: wenn unser äußerer Mensch aufgerieben wird, so wird doch unser innerer Mensch von Tag zu Tag neu (2 Kor 4,10-14). Leiden kann verbittern, kann aber auch zu einem reifen, gütigen, strahlenden Menschen machen

Aber nicht zwangsläufig allein das Leiden: Leiden ist nicht Selbstzweck, Leiden kann Konsequenz eines Weges der Liebe sein. Gerade im Johannesevangelium wird uns ein Weg des Einübens vorgestellt: in Gott bleiben, in der Liebe bleiben, Auferstehung durch die Liebe, denn die Liebe weckt, in welcher Form auch immer, neues Leben, lässt Leben erst zur Entfaltung und Reife kommen, lässt Verwandlung zu, ja provoziert Verwandlung und damit auch (Ab-)Sterben.

Die Liebe, die im Tod den Tod überwindet, weil sie die enge Zusammengehörigkeit von Tod und Leben aufzeigt,

die Liebe, die immer auch – zumindest ein Stück weit - Sterben und neu, anders werden, meint, die Liebe, die den Vorhang trennt zwischen Vergänglichem und Ewigem: da riss der Vorhang im Tempel entzwei, der das Heilige vom Allerheiligsten trennte, da erhalten wir Einblick in dieses Allerheiligste, da braucht es kein abgetrenntes Allerheiligstes mehr,

die Liebe, die das Ewige im Sterblichen, im Zeitlichen aufleuchten lässt

Die Macht der Liebe, eine Macht, die nicht prahlt, sich nicht aufbläht, nicht ungehörig handelt und ihren Vorteil sucht, sich nicht zum Zorn reizen lässt und nicht das Unrecht sucht, die grundlegender ist als alle Glaubenskraft, die Berge versetzen kann, die sich nicht auf die Macht der Gesetze stützt und ausgrenzt- sie will uns anziehen und erhöhen... und neu machen.

Osterandacht

Was sucht Ihr den Lebenden bei den Toten? – der Ort

Der ökumenische Aspekt: das Weizenkorn muss sterben, sonst bleibt es ja allein... für sich kann keiner sein – gerade auch nicht in dieser Stunde der Freude, da wir erfahren: im Tod ist das Leben. Der Überschwang der Freude will sich mitteilen....

Frauen begleiten den Todesweg Jesu in einer erstaunlichen Kontinuität

Manches mag klischeehaft gezeichnet sein: die Frau im Hintergrund, Trösterin, einflussreich...

Sie sind situationssensibel, warnen wie die Frau des Pilatus, die auf ihre Träume vertraut und damit die Herrschaftsausübung, die Rechtspraxis des römischen Statthalters irritiert, setzen sich hinweg über die gesellschaftlichen Verhaltensmuster und Vorurteile und gehen mit auf dem letzten Weg des Verbrechers, auf dem Weg zum Kreuz. Sie stehen zu ihm, sind bei ihm unter dem Kreuz, in der Stunde des Scheiterns und des Todes, sorgen sich um den Toten, gehen in das Dunkel des Grabes und geraten so auf den Weg der Verwandlung und der Entdeckung, dass der Same des Gottesreiches aufgehen muss..., dass das Weizenkorn sterben musste, um vielfältige Frucht zu bringen.

Wir sind herausgekommen – heraus aus dem Dorf, heraus aus den Häusern, heraus aus der Geborgenheit, heraus aus unseren Schutzhüllen, aus der Wohnung, aus dem Gewohnten.

Wir sind heute morgen herausgekommen an den Ort, an dem die Toten geborgen werden, an dem wir den leblosen Leichnam in die Erde legen, wo wir Abschied nehmen, wo wir wissen, der Körper des geliebten Menschen verändert sich, zerfällt, wird zu Erde.

Wir sind herausgekommen – mitten in die Felder, in das aufbrechende Grün des Frühlings, in die Hoffnung auf eine neue Ernte. Das Weizenkorn ist in der Erde bereits zerfallen. Mit seiner konzentrierten Kraft hat es die Erde, mit der es bedeckt war, durchbrochen, hat sich auf den Weg gemacht zum Licht und kann so wachsen, wenn es genug Wasser bekommt. Das Weizenkorn hat die Frage des Ostermorgens „Wer wird uns den Stein wegwälzen?“ für sich bereits beantwortet.

Den Stein wegwälzen, aufmachen, ist das für uns nicht eine Frage, die uns immer wieder im Alltag bewegt, nicht nur an Ostern.

Bei Joh. haben wir das Bild des Frühlingsvorgangs: das Weizenkorn, das in die Erde fällt und stirbt und dabei anders wird. Es kommt heraus aus der Erde, aber anders als es hineingelegt wurde.

Jesus der in uns weiter lebt, leidet und stirbt
Und auch aufersteht
Wie das einsame Weizenkorn
In die vielfältige gold-gelbe Fülle der Ähre
Aufersteht

Jesu Leiden wird in unserem leidenschaftlichen Leben
Zu Ende gelitten
Leidenschaft ist der einzige Ausweg aus allen möglichen Toden ins Leben

Hoffnungen, die wir zu Grabe tragen: geliebte Menschen, die wir der Erde übergeben mussten
Herausforderung an uns, damit Neues werden kann
Nur wenn ich hergebe und begrabe, kann Neues werden
Nur in der Liebe zeigt sich der Weg zum Leben
Wir können Leben fördern nur durch Liebe

Joh 3,13-17 – Kreuzerhöhung

Wie in jeder Eucharistiefeier erinnern wir uns auch im Gottesdienst am heutigen Fest Kreuzerhöhung an den Heilswillen unseres Schöpfers. Er will, dass alle und alles gerettet, heil werde, auch dort wo alles vernichtet scheint. IM Glauben und in Dankbarkeit nehmen wir diese aufrichtende und versöhnende Liebe an und lassen uns anstecken von ihr, wollen wir in unserer Welt Zeichen sein für diese Liebe.

Schmuckstück 24 Karat Gold an der Halskette, handgeschnitzt aus Oberammergau, Markierungszeichen an der Weggabelung, stat crux dum volvitur orbis. Darf man's in öffentlichen Räumen hängen lassen – hm – heftiger Streit, nicht ästhetisch, dieser zerschundene Körper, da hilft letztlich auch die goldene Krone und die Aura der Abgeklärtheit nichts, Zeichen des Scheiterns. Es ist schon ein Kreuz mit dem Kreuz.

Und vor allem mit der Integration in unsere Lebens- und Weltdeutung. Die Bilder und Deutungen von den durchkreuzten Plänen, Wünschen und Hoffnungen, diese zaghaften Annäherungs- und Interpretationsversuche kennen wir alle. Vielleicht haben wir oft vorschnell zu diesem Deutemuster gegriffen und es für viele unserer Zeitgenossen damit abgegriffen.

Hoffnungs- und Orientierungszeichen, Überlebenszeichen, Zeichen der Torheit und des Ärgernisses, Heilszeichen – die Deutungen bewegen sich auch in den heutigen Lesungen auf der ganzen Bandbreite möglicher Sichtweisen. Vom eher magisch zu verstehenden Überlebensmal der Schlange über die Kritik aus der vernunftgeprägten, ästhetisch bestimmten Denkwelt der Griechen bis hin zur Manifestation und Demonstration des universalen Heilswillens des Menschensohnes. Dieses Zeichen von Gottes Liebe zu seiner Schöpfung und seinen Geschöpfen, was haben wir mit ihm gemacht in unserer Geschichte? Haben wir ernst genommen, dass die Welt nicht damit gerichtet, sondern gerettet werden soll? Geht das mit einem Kreuzzug gegen wie auch immer geartete Achsen des

Bösen, gegen die Ungläubigen, die Gottlosen und wie sie auch immer bezeichnet wurden?
Begann da 313 an der Milvischen Brücke vor Rom ein Triumphzug des Kreuzes, als Kaiser Konstantin vor der entscheidenden Schlacht eine Art Kreuzzeichen gesehen haben soll mit der Zusage: „In diesem Zeichen wirst du siegen!" Und es kam so. Durch die Gunst des Kaisers waren die Christen im römischen Reich plötzlich „wer". War es vorher eine Schande gewesen, an einen Gehenkten zu glauben, so wurden die Christen plötzlich staatstragend. Das Kreuz wurde zu einem öffentlichen Signal für eine neue Epoche, es entwickelte sich zu einem politischen Faktor. Der Kaiser lässt in Jerusalem einen ganzen Kirchenkomplex an dem Ort bauen, an dem seine Mutter Helena die Kreuze aufgefunden hat. Am 13. September 336, wohl nicht zufällig an seinem 30. Regierungsjubiläum wird der Bau feierlich eingeweiht mit vielen Zeichen eines Staatsfestes.
Am Tag darauf wurde das Kreuz zum ersten Mal öffentlich gezeigt - daher der Name „Kreuz-Erhöhung". Einen Teil der kostbaren Reliquie nahm Konstantin in seine neu gegründete christliche Metropole mit, der andere verblieb in Jerusalem.
Welche politische Dimension das Kreuz als Symbol des dann oströmischen Reiches gewonnen hatte, zeigt, dass die Perser, als sie 614 kurzfristig Damaskus und Jerusalem eroberten, das Kreuz als Trophäe entführten. Kaiser Heraclius konnte es erst 14 Jahre später, also 628 zurückgewinnen und nach Jerusalem bringen, in dem Jahr, in dem Mohammed Mekka eroberte und ein Schreiben an alle Regierenden der Welt richtete, in dem er ihnen den Islam nahe zu bringen suchte. Kreuz gegen Halbmond; hier entstehen zwei Reiche, die zuinnerst bestimmt werden durch die Einheit von Religion und Macht.
Im Westen, in der christlichen Variante hat diese Einheit ihren symbolischen Ausdruck im Reichsapfel gefunden. Und viele glaubten, dass sich in diesem Reich der universale Heilswille Gottes realisiere, in diesem Reich das grausige Kriege führte zur Missionierung, das Kreuzzüge gegen Juden und Muslime führ-

te, das im Innern unerbittlich über den Glauben von Menschen zu Gericht saß bzw. die Gerichtsurteile vollstreckte.

Ist das die Realisierung des universalen Heilswillens Gottes, von dem im heutigen Evangelium die Rede ist?

Eine andere Fährte scheint mir der Patriarch Cyrill von Jerusalem zu weisen, der den Katechumenen in der Vorbereitung auf die Taufe sagt: „Er ist für unsere Sünden gekreuzigt worden. Willst du es leugnen, so belehrt dich der Ort, den du siehst, dieser hl. Golgota, auf dem wir jetzt um seinetwillen versammelt sind. Mit dem Kreuzesholze ist nunmehr fast der ganze Erdkreis erfüllt.“ Was soll dieser letzte Satz heißen. Will der nicht auch in die Richtung Reichsapfel gedeutet werden oder gar ganz materialistisch in den Reliquienhandel, wie es vielfach auch missverstanden wurde: die halbe Welt ist schon mit Kreuzreliquien bedient worden.

Cyrill aber meinte nicht die Kreuzpartikel, die durch die Welt getragen werden, sondern – wie er schreibt- „Zeugen des Kreuzes sind dir die zwölf Apostel und der Erdkreis und die Welt mit ihren an den Gekreuzigten glaubenden Menschen. Schon die Tatsache, dass du jetzt hier bist, soll dich von der Macht des Gekreuzigten überzeugen. Welche Soldaten, welche Fesseln haben dich bezwungen? Welcher Richterspruch hat dich hierher getrieben? Fürwahr, das heilsame Siegeszeichen Jesu, das Kreuz, hat alle herbeigeführt.“

Freilich ist auch Cyrill fasziniert von der stürmischen Ausbreitung des christlichen Glaubens im römischen Reich und darüber hinaus; aber es ist eine Expansion, die deutlich im Kontrast steht zum Imperialismus des römischen Reiches und dem anderer Reiche: Die Katechumenen vor ihm sind freiwillig da, nicht gezwungen durch Gesetze des Kaisers, nur so kann er sich das Kreuz teilen und weitergeben vorstellen. Die Ausbreitung des Christentums ohne Vermischung mit der Macht, ohne auf deren Förderung oder Wohlwollen zu spekulieren.

Wir haben das auch weitgehend verlernt durch eine über tausend Jahre dauernde enge Symbiose von Kirche und Reich: Das Kreuz, das Heilszeichen, kann nur universal sichtbar und wirksam werden, wenn es freiwillig angenommen wird, wenn das Leben der Zeugen dieses Zeichen zum Ausdruck bringt, diese Liebe Gottes, die das Heil, das Ganzsein des Menschen will, das offensichtlich nur über das Kreuz, über das Einbeziehen der Wunden erreicht werden kann. Denn auch der Auferstandene trägt sie noch, die Wundmale, freilich verklärt. Aus Wunden werden Augen, die sehen, die spüren, wo Heilung nottut, was zur Heilung nötig ist, die Widerstand leisten allem, was das Heilwerden hindern oder zerrütten will: Unrecht, Unwissenheit, Fahrlässigkeit, Gewinnsucht, Unaufmerksamkeit, Hass, böser Wille, Lust an der Zerstörung.

Wir erinnern uns in jeder Eucharistiefeier an diese Heilstat Gottes. Und wir bitten darin den Heiligen Geist nicht nur, dass er die Gaben auf dem Altar verwandle, sondern auch die Gemeinschaft, die diese Eucharistie feiert, damit sie in rechter Weise, überzeugend, auch heute, Zeugnis gebe von Gottes Heilswillen für alle Geschöpfe, für die gesamte Schöpfung.

Wort zum Sonntag 22. September 2002

Eine Vielfalt von Aspekten drängt sich für den heutigen Sonntag auf: In der katholischen Kirche feiern wir den Caritassonntag; wir machen uns bewusst, dass der caritative Einsatz die zentrale Aufgabe christlichen gemeindlichen Lebens ist. Unter dem diesjährigen Motto „Mittendrin draußen: psychisch krank" werden wir daran erinnert, Menschen aufzufangen, die mitten unter uns sind, sich aber ausgrenzen oder ausgegrenzt fühlen, sie zu begleiten, ihnen unsere Solidarität zu schenken.

Dann haben wir am Freitag den Weltkindertag begangen: Bilder von hungernden, kranken, missbrauchten, ermordeten, verängstigten Kindern, Kinder am Arbeitsplatz, die mithelfen müssen, Familien zu ernähren, weil die Arbeit der Eltern nicht gerecht entlohnt wird, drängen sich auf.

Schließlich sind wir als Wahlberechtigte heute aufgerufen, die politischen Entscheidungen, die in den nächsten vier Jahren anstehen, mitzubestimmen, und das nicht nur im Blick auf vier Jahre, da wir wissen, dass jede Entscheidung zeitlich weit darüber hinaus wirkt und für viele Folgen unsere Kinder und Enkel gerade stehen müssen.

Geradezu ein Fokus all dieser Aspekte scheint mir im Text des heutigen Evangeliums zu liegen: das Gleichnis von den Arbeitern im Weinberg (Mt 20,1-16). Der Eigentümer des Weinberges holt zu verschiedenen Zeiten des Tages Arbeitsuchende vom Marktplatz in seinen Weinberg. Egal ob sie nun eine Stunde oder zwölf Stunden gearbeitet haben, alle bekommen sie am Abend vom Gutsbesitzer persönlich den gleichen Lohn ausbezahlt, nämlich einen Denar, den verabredeten vollen Tageslohn. Diese offensichtliche Ungerechtigkeit lässt Missmut wachsen. Der ist nach menschlichem Ermessen nachvollziehbar. Jesus aber will uns mit dieser Erzählung die Wertigkeiten im Gottesvolk skizzieren, er will unser Verständnis wecken für die Menschen, die am Wegrand und auf dem Marktplatz stehen müssen und warten – auf ausreichend Arbeit, von der sie ihren Lebensunterhalt regulär bestreiten können, auf gerechte Entlohnung, auf gesellschaftliche Akzeptanz, auf Gesundheit, auf Recht und Gerechtigkeit...Er wendet sich besonders an die Privilegierten, an die mit Arbeit, Ansehen, Geld Überhäuften, die unbarmherzig werden. Er will um Verständnis und Nachahmung werben für die Barmherzigkeit Gottes, für eine Gerechtigkeit, die nicht rein buchhalterisch die unterschiedlichen Arbeitszeiten auflistet, sondern die Lebenssituationen bedenkt, für jeden Menschen Leben in Fülle ermöglichen will. Hier wird ein Kerngedanke der Botschaft Jesu vom Gottesreich greifbar, vom Gottesreich, das wir Christinnen und Christen in dieser Welt verwirklichen helfen sollen, nämlich: die Güte Gottes stellt unsere Ordnung auf den Kopf. Die Privilegierten, die die oben sind, werden schonungslos kritisiert, die Zuwendung gilt den Benachteiligten, den Unterdrückten, den Schwachen, den Kranken, denen, die kein organisiertes Sprachrohr haben. Die Botschaft dieses Gleichnisses zielt im Innersten dahin, die „Ersten" zu der Einsicht zu bringen, sich den „Letzten" zuzuwenden – und zwar so nachhaltig, dass auch diese in Würde ihre Existenz verwirklichen können. Das erfordert heute, soll es nicht bei punktuellen Almosen bleiben, die Jesu Ziel nicht herbeiführen können, einen grundlegenden Ausgleich in unserer Gesellschaft und weltweit.

Kann man mit solchen Maximen Politik machen? Die Frage ist unzählig oft gestellt, von Skeptikern auch verneint worden. Aber können wir es uns mit einem Nein leicht machen, wenn wir Jesu Botschaft in und für diese Welt ernst nehmen wollen, wenn wir den Kranken, den Kindern, den Armen, den Arbeit Suchenden nicht nur ein Trostpflaster zustecken wollen?

Caritas-Sonntag 2003

Zum Caritas-Sonntag und zu unserem Gemeindefest präsentiert in unserer Kirche eine kleine Ausstellung Arbeiten, die im Atelier im AKKu entstanden sind. AKKu, die Tagesstätte in der Primus-Truber-Strasse für Menschen mit psychischer Erkrankung, wird von der Caritas mitgetragen und bietet Menschen eine Möglichkeit, aus der Isolation wieder in die Begegnung mit anderen zu kommen, den Rückzug zu durchbrechen, die eigenen Phantasien und Wünsche und Träume wahrzunehmen und auszudrücken, gestalterisch tätig zu sein, sich so mit sich selbst zu beschäftigen, dass die (oft verschlossenen) inneren Vorgänge einen Ausdruck finden können. Die Menschen, die dort schaffen, sollen wieder Lust am Tun entwickeln, neue Energien mobilisieren und neues Selbstbewusstsein entwickeln.

Die Arbeiten, die in der Kirche ausgestellt sind, zeugen von diesen Prozessen, wollen uns mit diesen Notwendigkeiten konfrontieren und uns dazu anregen im Kunst-Raum des AKKu mit den Künstlerinnen und Künstlern ins Gespräch zu kommen.

Das ist ein schönes und sehr wichtiges Beispiel für die übergemeindliche Arbeit der Caritas, der Migrationsdienst, der sich der Betreuung der Spätaussiedler vorrangig annimmt und Sozial- und Lebensberatung sind weitere wichtige Arbeitsfelder, die gerade auch für Menschen in unserer Gemeinde notwendend sind. Umso mehr muss uns die offene Zukunft all dieser Aufgabenfelder beunruhigen. Die allerorten angespannte Finanzsituation zwingt öffentliche Geldgeber, die Caritas, auch das Bistum und die Ortsgemeinden dazu, Prioritäten zu setzen; das ist nachvollziehbar. Das sind notwendige und einschneidende Entscheidungen. Hoffen und beten wir, dass solche Entscheidungen nicht nach ideologischen Gesichtspunkten sondern zur Hilfe der Mühseligen und Beladenen gefällt werden und dass die caritativen Aufgaben auch in der gemeindlichen Tätigkeit nicht nur

in der eigens dafür zuständigen Organisation der Caritas weiterhin auf allen Ebenen höchste Priorität haben.
Denn nur dann bleiben wir dem Evangelium treu, nur dann bleiben wir glaubwürdig als Christen.
Wir können nicht wegschauen angesichts globaler Ungerechtigkeit und wir dürfen unsere Augen nicht davor verschließen, dass wir mit unseren alltäglichen und selbstverständlichen Gebrauchsgegenständen – seien das Kleider oder Handys oder Spielsachen – Menschen in Billiglohnländern gleichsam in die Sklaverei treiben. Wenn wir diese Zusammenhänge wahrnehmen, können wir nicht unbeteiligt wegschauen, wenn in Afrika mit dem Erlös aus dem Verkauf von Coltan - dem Rohstoff, der für die Handy-Produktion benötigt wird - Bürgerkriege finanziert werden, die wiederum nur dazu dienen, bestimmten Gruppen einen möglichst hohen Anteil an gewinnbringenden Rohstoffen abzusichern. Wir sind nicht distanziert, sondern zutiefst involviert. „Zuschauen hilft nicht – Verantwortung ist weltweit“, das diesjährige Motto des Caritassonntags will uns aufmerksam machen auf die weltweiten Verflechtungen von Produktion und Handel, aber auch Ausbeutung und Bedürftigkeit.
Was können wir ändern? Bewusst einkaufen lässt sich nur zum Teil realisieren. Sich mit der Problematik auseinander setzen, hinsehen und andere hinsehen lassen, indem ich sie damit konfrontiere, sich einmischen, dazwischen gehen, protestieren. Das sind alles Handlungsebenen, die sich am Handeln Jesu orientieren: Als Jesus kam, sah er... – so beginnen viele Heilungsgeschichten und Berufungsgeschichten in den Evangelien. So beginnen viele Auseinandersetzungen, in die Jesus sich hineinbegibt, wenn er sieht, dass Menschen ihrer Würde beraubt, in ihrer Hilflosigkeit erniedrigt und in ihrer Bedürftigkeit verachtet wurden. Er sah – die Kinder und die Frauen, die unheilbar Kranken und die Verwundeten, die schuldig Gewordenen und die unschuldigen Opfer. Er sah die, die niemand sehen wollte und die man am besten weit von sich hielt, um sich nicht

anzustecken. Er sah sie – und hatte Mitleid. So berichten es die, die um ihn und mit ihm waren.

Er sah, er sah hin, er nahm auf und nahm wahr – und handelte damit. Und heilte und versöhnte und klagte an und veränderte. Und schenkte damit den unansehnlich Gewordenen oder Gemachten Ansehen und Würde und rückte die Wahrheit über die Menschen – die Täter und die Opfer – in den Mittelpunkt der Aufmerksamkeit all derer, die nur skeptisch oder argwöhnisch, jedenfalls möglichst unbeteiligt, zuschauen wollten. Und dieses Wahrnehmen konnte sehr wohl politische Konsequenzen haben, ob er darin die Händler aus dem Tempel warf oder angesehene und etablierte Kreise der Hartherzigkeit und Erstarrung zieh oder die scheinbar Gerechten in Frage stellte.

Genaues Hinsehen, benennen und ohne ideologische Scheuklappen aufrichten und heilen, die Zeichen der jeweiligen Situation und sei sie noch so kleinräumig, ernst nehmen, um dem betroffenen Menschen zu helfen, dabei aber strukturelle Verengungen nicht übersehend.

Genaues Hinsehen macht aber auch die vielfältigen Versuche deutlich, den Mühseligen und Beladenen zu helfen, ihnen zu ihrem Recht zu verhelfen - Versuche, die es überall und zu allen Zeiten gab, wenn auch die, die sie unternahmen oft an den Rand gedrängt wurden.

Genaues Hinsehen zeigt, wieviel Solidarität geübt wird, wie viele sich in Netzwerken organisieren, um die Lebensbedingungen für sich und andere zu verbessern, wie viele und seien es auch nur kleine Schritte jeden Tag miteinander gegangen werden, um Menschen Lasten mittragen zu helfen.

Genaues Hinsehen fördert aber auch viel Besorgniserregendes an den Tag: Situationen, in denen helfende Hände fehlen, Menschen, die in ihrer Einsamkeit niemanden finden, der sie anspricht, und leider nicht zuletzt Hilfsorganisationen, die nicht mehr in der Lage scheinen, den Opfern unseres Effektivitätsdranges zu helfen: Kann man es ganz einfach kommentarlos hinnehmen, dass die Caritas in Tübingen die Stelle für Sozial- und Lebensberatung streicht und durchaus daran denkt andere wichtige Bereiche, die ich eingangs genannt habe, zur Disposition zu stellen? Wenn einer zu dir kommt und dich bittet eine Meile mit ihm zu gehen, dann zucke mit den Schultern und schicke ihn zur nächsten öffentlichen Beratungsstelle, die morgen ebenfalls geschlossen werden wird.

Liebe Gemeinde, der Caritassonntag will uns die Augen, unser Bewusstsein und unsere Einstellung schärfen, dass man von den Jüngerinnen und Jüngern Jesu auch sagen kann: Sie sehen (was nottut) und heilen, dass wir Augen und Hände offen halten...

Wenn wir am Nächsten versagen, verweigern wir uns Gott und dann haben wir als Christen mit Sicherheit keine Zukunft mehr.

Lukas 17, 5-10

Wir feiern Erntedank. Als Ausdruck unserer Dankbarkeit und unserer Freude haben wir eine reichhaltige Auswahl von Gaben mitgebracht und schön aufgebaut.
Aus kleinen Samenkörnern ist viel Stärkendes und Köstliches gewachsen, auch Schönes das uns Freude macht. Jedes Jahr aufs Neue können wir miterleben, welche Kraft in solch kleinen Samenkörnern stecken kann.
Wir sind dankbar, dass die Witterung für das Gedeihen der Pflanzen günstig war; wir denken aber auch dankbar an die, die den Wachstumsprozeß mit ihrer Arbeit gefördert und begleitet haben.
Und wir blicken über unseren engeren Gesichtskreis hinaus auf die, die nicht selbstverständlich und regelmäßig ihre Teller füllen können, die hungern, weil Missernten, Dürre, Überschwemmungen oder Krieg die Ernte vernichtet haben.
Wir denken auch an die Opfer, die sich von ihrer Ernte nicht ausreichend ernähren können, weil sie für ihre Arbeit keine angemessenen Erlöse erhalten, weil sie ausgebeutet werden.

Wenn wir den Hunger sehen, die (Natur-)Katastrophen, die Ungerechtigkeiten, die sozialen Schieflagen..., möchten wir da nicht mit den Worten der ersten Lesung klagen? Der Prophet Habakuk ist ein Zeitgenosse Jeremias, die beide ihre Stimme gegen die vom Königtum ausgehenden Ungerechtigkeiten erheben (Regierungszeit Jojakims 609-598, der Anführer der Ungerechtigkeit):
„Wie lange, Herr, soll ich noch rufen, und du hörst nicht? Ich schreie zu dir: Hilfe, Gewalt! Aber du hilfst nicht. Warum lässt du mich die Macht des Bösen erleben und siehst der Unterdrückung zu?“
Droht da nicht auch die Wut, die Unsicherheit, der Zweifel an den Zusagen und Verheißungen Gottes den Glauben zu überwuchern und ersticken? Und doch muss ein fundamentales Vertrauen auf Gott da sein, sonst formuliere ich auch

keine Klage mehr, sonst hadere ich auch nicht mehr mit Gott. Der stellt sich nicht mehr auf den Wachtturm, um zu sehen, was Gott ihm auf seine Klage erwidert; der ist auch nicht mehr bereit auszuharren, wenn die Einlösung der Verheißung auf sich warten lässt.

Und ein zweites: Die Evangelien der letzten Sonntage haben unserem Glauben einiges zugemutet: immer wieder vergeben und bereit sein neu anzufangen – das sagt sich leichter, als es in der Realität durchzuführen ist.

Überhaupt wenn wir an die Zumutungen des Glaubens in Jesu Botschaft denken: Versöhnung mit dem Feind, Gewohnheiten, Traditionen und Mechanismen durchbrechen um Gottes und der Menschen willen, die radikale Nachfolge: Wer nicht Vater und Mutter hasst... Lasst die Toten ihre Toten begraben... Wer die Hand an den Pflug legt und zurückblickt... – hier wird mit entscheidenden Traditionen, die das persönliche, gesellschaftliche und religiöse Leben prägen, gebrochen. Die Traditionen werden in die Verantwortung, in die Entscheidung des Menschen übergeben.

Da verwundert es nicht, wenn Unsicherheiten entstehen.

Können wir da nicht die Bitte um Stärkung des Glaubens mitvollziehen? Die Apostel baten den Herrn: Stärke unseren Glauben!

Wahrscheinlich waren das ursprünglich Worte an die Pharisäer; der Evangelist lässt sie an die Jüngergemeinde, an die frühen christlichen Gemeinden in ihren Unsicherheiten, in ihrer verschwindend kleinen Größe gesprochen sein.

Jesus präsentiert mit dem Bild, das die erste Hälfte des heutigen Evangeliums prägt, ein verblüffendes Paradoxon: der Senfsamen hat eine ganz geringe Größe, etwa 1 mm. Die Senfstaude ist in der Vegetation um den See Gennesaret auffallend; sie wird bis zu 2m hoch; in ihren Zweigen finden die Vögel nicht nur Schatten, sondern zur Zeit der Ernte auch Nahrung, nämlich den Senfsamen, aus dem Öl und ein Medikament gewonnen wurden.

Die Pflanze, die bei Markus als Bild für das Reich Gottes verwendet wurde, steht hier für den Glauben: Auch im kleinen Glauben steckt die Kraft der Veränderung, auch der winzige Glaube, der einem Senfkorn gleicht, kann den Maulbeerbaum entwurzeln und transferieren, einen Baum mit ungeheurer Wurzelkraft, von dem man glaubte er könne bis zu 600 Jahren in der Erde stehen.
Auch der kleinste Glaube also kann Unmögliches möglich machen. Aus dem Geringsten geht eine große Wirkung hervor. Dieser wirksame Glaube ist nur dort gegeben, wo ein Mensch sich im Glauben Gott öffnet und sich ihm zur Verfügung stellt. Gott kann dann durch den Menschen tätig werden.

Wir haben ein Beispiel für solch einen radikalen Glauben: Jesus: er war in einzigartiger Weise zu Gott hin offen.
Wenn Jesus bei Mk sagt, dass alles vermöge, wer glaube, will er seine Hörerinnen und Hörer einladen, an seinem Glauben teilzuhaben, mit seiner Kraft mitzuwirken an der Ausbreitung des Reiches Gottes, also Unterdrückten Befreiung zu bringen, Ungerechtigkeiten aufzulösen, die Armen aufzurichten...
Und genau da sind wir wieder an dem Punkt, dass wir mutlos werden könnten: Entsprechen wir denn auch nur in Ansätzen diesen hohen Anforderungen unseres Vorbildes? Ach wenn wir doch nur einen minimalen Glauben hätten, wir, die wir in der Taufe Christus angezogen haben.

Tröstlicher formuliert: wir brauchen den Glauben nicht zu bemessen, wir brauchen auch über den kleinsten Glauben nicht zu erschrecken oder gar den Stab zu brechen, er bringt eine Öffnung zu Gott, einen Ansatzpunkt für das Wirken Gottes. Und so kann aus einem geringen Ansatzpunkt, aus einem kleinen Häuflein Glaubender eine entwurzelnde und versetzende, grundsätzlich verändernde Kraft ausgehen.
Die Sprengkraft, das Potential ist konzentriert, sie wirkt nicht explosiv sondern entfaltend, aufblätternd, zielstrebig wachsend.

Voraussetzung ist ein Raum und ein Klima der Hoffnung: Wo sollen wir es finden, wenn nicht in einer Gemeinde, in der sich die einzelnen Glieder gegenseitig stärken, stützen, ermutigen, auch korrigieren, gemeinsam um den Glauben bitten. Dann kann das kleine Gewächs radikal und weit ausgreifend wie die Zweige des Senfstrauches wirken.

Der zweite Teil des Evangeliums überrascht noch einmal: Wie der Herr hier mit seinem Sklaven umgeht, das ist ein ungewohntes Gottesbild, das Jesus hier skizziert. Der Herr lässt sich bedienen, bestätigt die Ordnung, die Über- und Unterordnung, er braucht dem Sklaven nicht danken für dessen Dienst.
Aber die Aussage dieses Gleichnisses zielt auf einen anderen Punkt:
Wir haben vorhin festgehalten: Der Glaube befreit, stellt auch scheinbar unumstößliche Traditionen in die Verantwortung des Menschen; das aber berechtigt noch nicht zu Hochmut; wir sollen auf dem Boden bleiben, unsere Grenzen anerkennen.
Jesus wendet sich mit dem angefügten Gleichnis gegen die religiöse Lohnsucht: Und auch wenn wir mit unserem Glauben einen Maulbeerbaum entwurzelt und ins Meer gesetzt hätten – wir müssen uns bewusst bleiben: Gottes immer schöpferische Kraft hat es in uns, mit uns, durch uns bewirkt. Der Glaube ist Geschenk, bleibt ein verdankter – wie unsere Existenz überhaupt und wie letztlich auch die Güter, die wir zum Leben brauchen, für die wir heute besonders danken. Amen.

Erntedank

Matthäus 18, 15-20

Die Bilder und Geschichten vom Weinberg passen hervorragend zum heutigen Erntedank, zu der Zeit, da die Weinlese beginnt. Und viele von Ihnen können in dieser Umgebung, wo es ja noch oder wieder neu einige Weingärten gibt, er-messen, wie viele Mühe und Sorge und Arbeit der Weingärtner in seinen Wein-berg das Jahr über hineingesteckt hat; da ist es verständlich, dass er gute, süße Trauben ernten will. Und wir wünschen es ihm, dass er es auch kann.

In den heutigen Lesungen geht die Rechnung nicht ganz so glatt auf: die Bilder und Geschichten vom Weinberg lassen dort etwas Wunderschönes anklingen, besingen gleichsam ein Liebesverhältnis zwischen dem Weingutbesitzer und seinem Weinberg, beinhalten aber auch etwas Drohendes: Zerstörung, Verlust, weil der gewünschte und ersehnte Ertrag ausbleibt.

Das Lied, das wir vom Propheten Jesaja gehört haben, ist in der Frühzeit des Auftretens des Propheten entstanden, in einer Zeit des Wohlstandes, der Sattheit und Selbstzufriedenheit. Vielleicht hat es der Prophet im Tempel, vielleicht auch inmitten der Festfreude des Laubhüttenfestes vorgetragen. Jesaja kündigt es als Liebeslied an; das liegt von der Symbolik her nahe, denn im Orient war der Weinberg ein häufig gebrauchtes Bild für die junge, schöne Frau, für die Braut. Für den Weinberg wurde alles getan, was man nur für einen mustergültigen Weinberg tun kann: ein guter Platz gewählt, der Boden gut bearbeitet, eine edle Rebsorte gepflanzt, ein Turm gebaut für die Wächter, die zur Erntezeit Vögel und Diebe abhalten sollen...kurz da ist alles Mögliche investiert worden.

Und da kippt das Lied: als die Trauben zum ersten Mal Frucht tragen sollen, da sind es keine süßen Trauben, sondern schlechte, ungenießbare Sauertrauben.

Da klagt der Liebhaber des Weinberges, die Klage steigert sich zur Anklage mit einer genüsslich ausgebreiteten Schilderung der Bestrafung, die hinzielt auf die Zerstörung des Weinberges. So ausführlich eingangs die Anlage des Weinbergs besungen worden war, so ausführlich wird nun die Zerstörung geschildert. Und es stellt sich heraus, dass der enttäuschte Liebhaber Gott selbst ist, der alles für Israel getan hat. Israel hätte sollen ein Mustergut in der Welt sein, es hat sich selbst zum Ödland gemacht. Statt dass Israel vor allen Völkern nach der Sozialordnung gelebt hat, die sein Gott ihm schenkte, schreien im Land die Armen und Rechtlosen: Er wartete auf Rechtsspruch – doch siehe Rechtsbruch, auf Gerechtigkeit – doch siehe der Rechtlose schreit."
Kann es noch einmal weiter gehen in dieser Liebesbeziehung zwischen Gott und seinem Volk? Bei Jesaja bleibt diese Frage offen. Im heutigen Evangelium nicht. Freilich steht die Bildwelt des Jesaja im Gleichnis des heutigen Evangeliums im Hintergrund. Aber die Situation ist unvergleichlich zugespitzt, weil auch die Zeit des Messias eine zugespitzte, eine kritische, eine alles Entscheidende ist: Die Verweigerung, das Versagen der Führer des Gottesvolkes steigert sich bis zur Tötung des Sohnes. Die Winzer wollen an diesem Kulminationspunkt, da das Erbe verloren zu gehen droht, dieses an sich reißen, die Heilsprivilegien für Israel absichern und die Heiden davon ausschließen. Die Ironie liegt darin, dass sie das erreichen, was sie eigentlich verhindern wollten: es wird ein neues Volk geschaffen, das weder Heiden noch Juden ausschließt, von dem aber Früchte erwartet werden. Den Hohenpriestern und Pharisäern – nicht Israel als ganzem Volk – wird das Reich weggenommen, denen, die Jesus ablehnen. Und aus denen, die an Jesus glauben, in Israel und bei den Heiden, wird das wahre Israel geschaffen. Dieses wahre Israel steht ganz in der Geschichte, die Gott mit Abraham begonnen und die er in Jesus zu ihrem entscheidenden, kritischen Punkt geführt hat.
Von diesem kritischen Punkt der Geschichte Israels spricht das Zitat aus Ps. 118: „Der Stein, den die Bauleute verworfen haben, er ist zum Eckstein gewor-

den...“ Jesus wurde von den offiziellen Dienern und Wächtern des Glaubens Israels nicht für tauglich gehalten. Er wurde verworfen. Doch gerade der Verworfene wurde zum Richtmaß und Fundament.

Gott sucht sich immer wieder in der verwirrenden Vielfalt der geschichtlichen Entwicklungen und Bewegungen des Volkes Gottes den Ort, wo sich sein Wille und sein Plan am klarsten zeigen – und dort lässt er seine Geschichte weiter gehen. Das stimmt hoffnungsfroh, warnt uns aber vor zu viel Selbstsicherheit: Auch wir können das Erbe verlieren. Die Kirche bleibt dann das neue Gottesvolk, wenn sie die erwarteten Früchte bringt. Auch sie oder Gruppen in ihr können sich versagen, Jesus und seiner Botschaft verschließen, nicht einen Rechtsspruch im Geiste der Botschaft Jesu fällen, sondern Rechtsbruch üben. Er wartete auf Gerechtigkeit – doch siehe der Rechtlose schreit – auch heute!

Nur wenn wir gute Früchte bringen, sind wir sein Weinberg, freut sich Gott, unser Liebhaber, über uns.

Und woran wird die Süßigkeit unserer Trauben gemessen, wie können wir die Öchsle-Grade feststellen? Bleiben wir ruhig im Matthäus-Evangelium und lesen wir immer wieder die Lehrrede Jesu vom Berg aus, die sog. Bergpredigt in den Kapiteln fünf bis sieben – für meine Begriffe der konzentrierteste Katechismus, Jesu Liebesworte für seinen Weinberg.

Seligpreisungen – Allerheiligen 2001

Einführung

In unserem Lobpreis, in unserer Danksagung am Fest aller Heiligen stehen wir in der Gemeinschaft der Heiligen, all derer, deren menschliches Wirken Gott erfüllt und vollendet hat.
Im heutigen Evangelium ermuntert uns Jesus, auch in unserem Tun, in unserem Verhalten, den Himmel zu öffnen.
Wir wollen Gott loben und danken dafür, dass allen Menschen das Angebot zugesprochen wird, heil zu werden.
Man möchte geradezu mit dem Psalmisten singen: Wohl den Menschen, die Kraft finden in dir, wenn sie sich zur Wallfahrt rüsten ziehen sie durch das trostlose Tal, wird es für sie zum Quellgrund, und Frühregen hüllt es in Segen.
Sie schreiten dahin mit wachsender Kraft; dann schauen sie Gott auf dem Zion.

Heilig, heil sein heißt integer sein, nicht ausschließlich auf der moralischen Ebene, sondern ganzheitlich verstanden.
Das Gegenteil ist krank, das heißt beziehungslos wie Sandkörner am Meer liegen, atomisiert – wie eine Monade im Gefängnis des Ich, nur die eigenen Ziele verfolgend.
Wir wissen um die Fragmentarität, um die Flüchtigkeit unseres Tuns; wir sind oft nicht wirklich präsent in unserem Tun.

Matthäus 5, 1-12

Wenn dich einer auf die eine Wange schlägt, dann halte ihm auch die andere hin. Was heißt diese Forderung nach dem 11. September 2001. Sollen wir weitere Türme und Flugzeuge zur Zerstörung anbieten?
Also hatte Bismarck doch Recht, wenn er meinte, mit der Bergpredigt lasse sich keine Politik machen – ich will jetzt nicht die Frage vertiefen, ob es dann überhaupt christliche Politik geben kann. Auch Luther könnten wir zustimmen, der festgestellt hat, dass man mit den Seligpreisungen nicht aufs Rathaus gehen könne.
Also beschränken wir am besten doch die Seligpreisungen, diese fulminante Ouvertüre der sogenannten Bergpredigt, dieses umstrittene Stück Weltliteratur, geradezu ein Prisma der Rede, der Lehre Jesu, quasi ein Bergkristall, in dem sich das Licht in ein buntes Spektrum aufbricht, beschränken wir die Seligpreisungen, auf den privaten Frömmigkeitskontext, auf das stille Kämmerlein, auf die private Beziehungspflege zu Gott?
Aber wie ernst nehmen wir dann die Verheißungen, die Jesus seinen Jüngern, dann der Menge, die sich um ihn versammelt hat und uns zuspricht. Wie ernst nehmen wir die von ihm angesprochenen Verhaltensweisen: keine Gewalt anwenden, hungern und dürsten nach Gerechtigkeit, Frieden schaffen, das sind Regeln, die den Privatsektor weit übersteigen, ihn aufsprengen. Die betreffen unser soziales, gesellschaftliches, auch religiöses Zusammenleben.
Und ein zweites Gegenargument: Jesus steigt wie Mose auf **den** Berg, da schwingt die Gesetzesverkündigung auf dem Sinai mit, durch die das Volk zum Volk Gottes wurde. Er steigt auf den Berg, um das für diese Gemeinschaft gegebene Gesetz, die Anweisungen zum rechten Leben und Zusammenleben, recht auszulegen, um die wahre Gerechtigkeit zu predigen.

Die Seligpreisungen sind im Indikativ formuliert, nicht im Imperativ wie der Dekalog, den Mose empfangen hat. Jesus erzählt in dieser Auslegung des Dekalogs in den Seligpreisungen die eigene Erfahrung der Wirklichkeit, die Urrealität Gottes, die ihm tagtäglich in ihrer Vollkommenheit offenbar ist. Aus der Fülle des Herzens redet der Mund. Jesus bietet mit seinem Wort den Menschen das Leben an, das Leben in Fülle, das nicht in einer Frömmigkeitsmonade zu finden ist, das dort einbricht, aufbricht, zu wachsen beginnt, wo die Beziehung zu mir, zum Mitmenschen und zu Gott stimmig ist. In diese drei Dimensionen sind die Zusagen der Seligpreisungen einzuordnen, nicht allein in die Ebene der privaten Frömmigkeit.

Die Seligpreisungen sind eine Art Profil des Glaubenden, eines Menschen, der in der Kraft seines Glaubens Gewaltiges bewirken kann – wir erinnern uns an die Versetzung des Maulbeerbaumes. Dort war vom Glaubensakt die Rede, von der Kraft, die aus dem Grundvertrauen auf Gott erwächst, von einer Kraft, die auch furchtbares Unheil anrichten kann, wie Beispiele der Geschichte und jüngste Ereignisse erschreckend deutlich werden lassen. Das Basisprogramm, Profil, das Jesus mit den Seligpreisungen, vorstellt, weist einen anderen Weg für den Glaubenden:

Er ist glücklich, wenn er arm, bettelarm ist im Geist, wie es in uns geläufigen Übersetzungen heißt. Wir wissen, dass Übersetzungen von einer Sprach- und Denkwelt in eine andere nie rein mechanisch und damit glatt ablaufen können, sondern Interpretationen sind- und sehr rasch zu Verengungen und Missverständnissen führen können: Wenn Schopenhauer meinte, es sei an dieser Stelle von einem Mangel an Geistesbildung, von einem faden Bewusstsein die Rede ist dies ein sprechendes Beispiel dafür, dass nicht nur die Aussage der griechischen Begriffe nicht getroffen wurde, sondern noch viel weniger, die Bild- und Sinngehalte der hebräischen oder aramäischen Sprache, in der ja Jesus gelehrt hat.

Wir müssen also hinter dem griechischen Text unseres NT noch einen Übersetzungsvorgang mitbedenken:
Die Armen sind soziale Notfälle und Randgruppen, denen schon im AT der Freudenbote die Verheißung der Befreiung im Jubeljahr brachte; sie sind aber nicht nur wirtschaftlich schwach, sie sind aber auch innerlich arm, ihnen fehlt etwa die Selbstsicherheit; dieses Armsein bringt sie dazu, nichts von sich selbst und alles von Gott zu erwarten. Die Armen im Geist sind also die, die sich vor Gott als bedürftige Bettler verstehen, die alles von ihm erwarten, die wohl wissen, dass sie Gottes Reich nicht herbeizwingen können, nicht für die Welt und nicht für sich. Es sind die Glaubenden, die offen sind für die Wahrnehmung des Wirkens Gottes, die offen sind für seine schöpferische Liebe, die offen sind für den Leben schaffenden Geist Gottes...
Glücklich zu schätzen sind die, die Trauer zulassen können, die Schmerz über angetanes oder erlittenes Unrecht nicht verdrängen, sondern durchleben können. Die Trauer empfinden, wenn Gottes Wirken und Wille missachtet werden, die bedrückt sind von der Weltordnung, sich aber nicht erdrücken lassen wollen. Wenn wir die Trauer akzeptieren, nicht als unabänderliche, sondern als Notwendende Aufgabe, wenn wir an ihr und mit ihr arbeiten, dann ist Gott in diesem Prozess mit tätig, hilft uns dabei, dann können wir auch Trauer als Weg zur Befreiung, zu Neujustierung erfahren, dann erwächst uns Trost, werden wir getröstet.
Glücklich sind die zu nennen, die sanftmütig sind, die milde und freundlich sind, die innerlich gelassen und wohlwollend bleiben, auch in der Auseinandersetzung, mit denen, die ihnen nachstellen, die sie bedrücken. Das hat sehr wenig mit einem tölpelhaften Geduldslamm zu tun und sehr viel mit Einsicht, Ausgeglichenheit, Weisheit, mit der Zuversicht, dass die Sanftmut die Gewalt überwindet, durchbricht, dass die Gewalt, konfrontiert mit diesem Mut zur Gelassenheit und Ausgeglichenheit, ihre Unordnung entdeckt.

Glücklich, auf dem Weg zum Heil sind wir wenn wir danach hungern und dürsten gerecht zu sein, wenn wir mit allen Fasern unseres Seins uns einsetzen wollen für die Gerechtigkeit, die weit mehr ist als bloße Verteilungsgerechtigkeit; wir müssen hier das hebräische zaddik als Gottesprädikat mitschwingen hören – also eine Einheit von Gerechtigkeit, Güte und Liebe. Carl Friedrich von Weizsäcker umschreibt diese Haltung von Platon her mit „vollendeter Geistesgegenwart. Wenn du ganz gegenwärtig bist, in dem, was du tust, das heißt, dass du das deine tust, dass du das tust, was zu tun dir zufällt. Also keine mechanischen Verrichtungen, sondern mit ganzem Ernst und vollem Einsatz im Präsens tun – wie ein Kind so ganz im Spiel aufgehen kann – Mit diesem Zu- und Anspruch wird gleichsam ein Sauerteig in uns eingepflanzt, diese Gerechtigkeit des Schöpfers in heiliger Ungeduld zu verwirklichen, die Schuldigkeit des Bedürftigen zum Maßstab zu machen, Gott in der Begegnung mit den Armen, den Fremden, den aussätzigen, den Witwen und Waisen gerecht zu werden. Der soziale Aspekt kommt wesentlich zum religiösen hinzu. Man kann nicht als einzelner Frommer gerecht werden.

Die Freude über den Barmherzigen schließt sich nahtlos an ein solches Verständnis von Gerechtigkeit an. Erbarmen zu üben ist vor allem eine Sache Gottes. Sie wird hier den Jüngern nahegelegt, denn Gott will Barmherzigkeit, nicht Opfer, Gott will, dass der Mensch werde, der er ist, ein Ebenbild seines Schöpfers, vollkommen, wie der Vater im Himmel vollkommen ist, heißt es im Fazit der Bergpredigt. Wie diese Barmherzigkeit realisiert wird, veranschaulicht Jesus im Gleichnis vom barmherzigen Samariter: Ohne Ansehen der Rasse, des Standes, des Geschlechts, der Religion da zu sein, für den Menschen, der mich gerade braucht – so wie die Mutter mit ihrem Kind mitleidet, den Schmerz mitträgt, es nicht verstößt, auch wenn es sich abwendet (rachamim von rähäm).

Sanftmütige, Gerechte, Barmherzige werden ein reines Herz haben, sie werden eine ungeheuchelte Gesinnung haben, gegen Gott und die Menschen, die aufrichtig sind, ohne Trug, ohne Geltungsdrang oder Gewinnsucht. Sie haben ein nicht von Vorurteilen und vorschnellen Urteilen verstelltes Bewusstsein und Wahrnehmungsvermögen. Das ist die Voraussetzung, um in den Tempel eingelassen zu werden, um Gott schauen zu können. Gottesschau spricht die eschatologische Dimension an, ohne Zweifel, mir scheint es aber auch nicht falsch zu sein, auch die präsentische mitzuhören: sie werden Gottes Wirken, das sich in allem Geschaffenen zeigt, erkennen, erfahren, sie können hinter dem Vordergründigen den tragenden Grund erkennen.

Glücklich, die Frieden schaffen, die zuinnerst mitwirken an Gottes Schöpfungstat, denn Schalom, Friede im biblischen Verständnis ist letztlich die Summe des Heils, die nur von Gott gewirkt werden kann. Schalom meint Ganz-Sein in meinem Inneren, meint eins Sein mit Gott und mit den Menschen. Schalom bezieht sich auf den sozialen, den politischen, den religiösen Bereich, auf Natur und Kultur. Aber wer sich so auf Gott einlässt, wer sich Gott so angleicht, der kann mitwirken an der Versöhnung, am Ausgleich, in seiner näheren Umgebung, aber auch im politischen Bereich. Friede ist Art Gottes. Der Messias ist der Friedensbringer. Söhne Gottes, nicht Kinder Gottes, mitverantwortliche Akteure.

Das rabbinische Bild: Feuer, Wasser, Kochtopf, Speise.

Ist das nun alles Utopie, soll das keinen Platz finden können in unserer Welt, in unserem Leben, ein Programm nur für wenige Auserwählte, für eine religiöse Aristokratie?

Es gehört zum Menschen, das Unerreichbare anzustreben, Gegebenheiten nicht als unveränderlich hinnehmen

„Ich bin sogar der Meinung, dass diese Bergpredigt völlig realistisch ist, wenn unsere zerstrittene Welt nicht an Selbstzerfleischung zugrunde gehen soll... Denn wenn Angst, Egoverkrampfung und Gehässigkeit weiterwuchern, wer soll uns dann vom globalen Selbstmord retten..." (Pinchas Lapide)

Wenn wir vollkommen sein sollen und wollen, wie Gott, dann müssen wir an diesem Profil arbeiten, immer wieder, immer wieder neu, dann müssen wir unserem Denken, Wahrnehmen, Trachten und Tun diese andere Richtung geben – im

Vertrauen darauf, dass Gott mitwirkt, dass er unser Tun bewirkt und in der Zuversicht, dass auch aus einem Senfkorn ein großer Strauch werden kann.

Geschichte und Gedenken

Nach den Ereignissen und Erfahrungen im 20. Jahrhundert ist das Miteinander von Juden und Christen mit vielen zusätzlichen Schwierigkeiten behaftet. Das kann aber auch sensibel machen, kann dazu führen, die eigene Praxis und Einstellung zu überdenken. Da können freilich sehr weitreichende und tief gehende Anfragen aufkommen. Da lassen sich aber auch viele fundamentale und zentrale Gemeinsamkeiten (wieder) entdecken: Wir haben in der Tat so etwas wie eine Gründergestalt des glaubenden Menschen: Abraham, der Gottes Stimme folgt, der auszieht aus einer Heimat, auch aus seinen religiösen Gewohnheiten, der seine Heimat, seine Identität im Glaubensbezug zu Gott findet; das Aufbrechen und Unterwegssein im Exodus, die Gläubigen als Wanderer, der Exodus – und die Zusage Gottes, in diesem Exodus da zu sein und mitzugehen.
Wo zahlreiche Gemeinsamkeiten sind, verwundert es nicht, wenn sich eine Gruppe absetzt, um die eigene Identität zu finden und zu schärfen – sich absetzt und abgrenzt und ausgrenzt und die anderen abwertet – bis hin zur Diskriminierung...

Die Schatten der Vergangenheit holen uns immer wieder ein. Ganz persönlich: die Schatten von Verhaltens- und Denkmustern, die uns zu schaffen machen; die Verstrickung in Beziehungen, die uns nicht gut tun oder taten; die Schatten von Versagen und Schuld. Aber auch auf der gesellschaftlich-politischen Ebene: Hier in Deutschland der lange und tiefe Schatten des Dritten Reiches und der Schoa...
Immer wieder tauchen neue Schatten und Verstrickungen aus der Vergangenheit auf, denen wir uns stellen müssen – jüngst am 11. September mit unermeßlichem Erschrecken für Kinder, Frauen, Männer von New York und Washington, ein terroristischer Angriff auf die sog. westliche Zivilisation.

Wie sensibel sind wir für die Ungerechtigkeiten und Opfer, auf denen unsere Gegenwart gebaut ist? Wie sensibel sind wir für die Verstrickungen der Schuld, in denen wir stehen, wie sensibel für die eigene aktuelle Schuld – politisch, wirtschaftlich, kulturell, - religiös?

Ein Glaube, der auch „Rechenschaft über die Hoffnung, die uns bewegt" (1 Petr 3, 15) geben will, schließt, soll dies glaubwürdig geschehen, auch die Erinnerung an die (in Worten und Taten) mißlungenen Zeugnisse der Hoffnung, an Leid, Versagen und Schuld, ein. Sie erfordert, wie dies die Würzburger Gemeinsame Synode der Bistümer in der Bundesrepublik Deutschland bejahte, eine „offensive Gewissenserforschung".[i]

Zu einem überzeugenden religiösen Leben gehört, sich auch dem Versagen und der Schuld zu stellen.

Die konkreten Erfahrungen unvorstellbaren Leidens, unvorstellbarer Bosheit und Schuld bis hinein in die jüngste Gegenwart haben unsere menschliche Selbstgewißheit vor „Abgründe" der Geschichte und des menschlichen Herzens gestellt.

Wir können das Erbe nicht abstoßen. Es ist Chance, Wurzelboden. Es kann auch Last sein. Wir müssen lernen, so mit ihm umzugehen, daß wir auch mit dem verwundenden Erbe heil werden können, ja, dass auch dieses Erbe heil werden kann: In den Stimmen der Menschen von heute ist noch der Nachhall der Stimmen von gestern zu hören. Wir müssen die Spuren aus der Vergangenheit ernst nehmen, gerade auch die schmerzlichen.

Wir kennen in unserer christlichen Tradition die heilige Bedeutung der memoria, des Gedächtnisses, der Erinnerung, gerade in der Eucharistie – bei Augustinus begegnet sie uns in der Trinitätslehre sogar als göttliche Person.

Mit der memoria, mit dem Erinnern wird das geschichtliche Kontinuum, das unreflektierte Fort und Fort des Geschehens entschieden unterbrochen: die Sehnsucht nach Veränderung, das Ringen, ja bisweilen auch der Kampf um Stimmigkeit kann zum Durchbruch kommen, schreit nach Erfüllung...

Die sonntäglichen Zeichen und Gesten des Eingedenkens können leer und hohl werden, wenn sie keine Konsequenzen in der Praxis haben – sie können abgegriffen werden und eine rein geschäftsmäßige Praxis nach sich ziehen, wenn wir außer Acht lassen, daß wir selbst verwandelt werden sollen, in einer Gegenwart, die mehr ist als nackte Jetztzeit, die ein Gedächtnis hat, die den Auftrag hat, an der „Verwandlung" auch der Vergangenheit mitzuwirken, deren Opfer im Auge zu behalten

Das christliche Fest, auch der Sonntag, fordert uns ganz ein, uns nicht nur punktuell des Geschehens am Karfreitag und am Ostermorgen zu erinnern, sondern auch daran, was in der Geschichte dieser Erinnerung an Karfreitag und Ostern an Hoffnungen, Befreiungen, aber auch an Unterdrückung, Gewalt und Tod hervorgegangen ist. Und wenn wir die kosmische Dimension des messianischen Auftrages ernst nehmen wollen, müssen wir den Blick des Gedenkens nochmals weiten auf die Toten und Erschlagenen der Geschichte überhaupt.

Wo aufgrund der Angst vor der Zerbrechlichkeit der eigenen Identität Schuld verdrängt wird, ist der Mensch gezwungen, das Unbewältigte immer wieder aufs Neue im Handeln zu wiederholen – ein Kampf mit den Schatten, mit dem Zwiemöglichen der eigenen Geschichte. Die Vergangenheit lähmt, belastet. Kommunikation zerbricht, Unrechtsstrukturen werden fortgeschrieben, können eskalieren, Gewalt im Kleinen und im großen.

Damit wir uns der Schuld stellen können, brauchen wir einen Raum des Angenommenseins und eine Perspektive der Hoffnung.

Erinnerung in der Kraft der Hoffnung setzt einen Trauerprozeß frei. Denn die Erinnerung richtet sich nicht nur auf die Zeit, sie braucht auch Zeit, Zeit der Trauer: Trauer über die zugefügten Leiden, Trauer auch über die Konfliktivität, die Tragik der Wirklichkeit, über das oft unausweichliche Schuldig werden müssen, egal wie man sich verhält und handelt. Dies ist freilich nicht allein, in selbstbezogener Isolation zu leisten, wie im Folgenden noch deutlich zu machen ist. Wesentlich ist die Begegnung mit anderen, insbesondere mit dem Opfer bzw. dessen Angehörigen oder Nachfahren.

In der Psychotherapie wird von Erinnerungs- und Trauerarbeit gesprochen; dies impliziert, daß die Schwierigkeiten nicht nur erlitten werden, sondern dass wir auch für sie verantwortlich sind.

Um die Verzerrung und den Bruch in der Kommunikation aufzulösen, bedarf es in der Regel des anderen, des fremden Blickes. Er schafft Distanz und ermöglicht die Wahrnehmung des Zwanghaften, des Belastenden und seiner Mechanismen. Er eröffnet den Weg, die eigene Geschichte „anders zu erzählen". Eine solche Erinnerung von Schuld und Leid richtet sich gegen das Vergessen und Verdrängen, will durch die zusätzliche Mühe von „Erinnerungs*arbeit*" im Erzählen die eigene Lebensgeschichte – oder auch die von Völkern und Kulturen – neu deuten, damit zu neuer Identität finden. Sie will die Stimme des und der Anderen einbringen.

Herausfordernder, ja das Schwierigste ist und bleibt, sich die eigene Geschichte von den Anderen erzählen zu lassen[ii]. Erst durch die Begegnung mit der Erzählung der Opfer können die Tiefe der Schuld und evtl. auch ihre Ursachen und Bedingungsgeflechte deutlich werden.

Wenn ein Mensch sich seiner Schuld stellt, so bleibt er doch gefangen, denn er kann sich nicht selbst lösen, sondern nur gelöst werden, vom Anderen, vom Opfer, das er um Verzeihung bitten muss. Vergeben bleibt nicht in einem narzißtischen Selbstverhältnis befangen; „es setzt die Vermittlung durch ein anderes Bewusstsein voraus, das Bewusstsein des Opfers nämlich, welches allein befugt ist, zu verzeihen." Dabei gehe ich auch das Risiko ein, mit meiner Vergebungsbitte zurückgewiesen zu werden. Ich werde konfrontiert mit der tiefen Unverzeihlichkeit der eigenen Schuld im Prozess der Umkehr, der Reue und der Bitte an die oder das Opfer. Nur wenn ich als Schuldner durch das Wagnis einer Zurückweisung hindurchgegangen bin und dadurch die Tiefe meiner Schuld erkannt habe, kann mir auch die gewährte Verzeihung Heilung von der Wurzel her schenken. Grundlage ist also ein rechter, ein gerechter Blick des/der Schuldigen auf die Realität, ein feines Fühlen (Mitfühlen), und ein helles Hören des Leides und Unrechtes, das er/sie angerichtet hat.

Es scheint mir kein Zufall zu sein, dass im Christentum beides, Erinnerung und Trauer bzw. ihre Form der Klage, gerade als Ergebnis einer Absetzbewegung vom Judentum verkürzt wurden und nun „nach Auschwitz" in bewusster Auseinandersetzung mit jüdischem Denken neu eingebracht werden.
Und das obwohl wir wohl täglich mit dem Vater unser ein Gebet sprechen, das sowohl eine globale wie eine konkrete Dimension von Erinnerung umfasst: den Schöpfer und die Schöpfung, deren Erhalt und Gestaltung nach dem Willen des Schöpfers. In der Mitte steht die Brotbitte: Wir brauchen die Erfahrung, daß die konkrete Lebensgrundlage gesichert ist als Fundament unseres Vertrauens. In diesem Bereich möchten wir durchaus konkret und präzise werden mit der Vielzahl unserer Wünsche, weniger wahrscheinlich bei den Vergebungsbitten, bei der Frage nach den Dimensionen unserer Schuld, nach den Motiven, nach den Folgen. Wir gestehe zu, dass wir uns vom Bösen erlösen lassen müssen, dass wir uns nicht freisprechen können, dass wir den Prozess offen halten müssen, denn das letzte, entscheidende, lösende, wandelnde Wort hat Gott der Schöpfer.
Die Erfahrung gelingender Umkehr und der Gabe der Vergebung sind für uns Menschen Zeichen und Hinweise auf die Vollendung, auf die Fülle, auf den schalom, den Frieden. Sie sind von unseren Erfahrungsmöglichkeiten her vielleicht der tiefste Hoffnungsgrund dafür, dass die Schöpfung immer wieder zum Guten hinaus will. Sie sind „Orte des Wahrwerdens".

Schaffen wir solche Momente und solche Orte, lassen wir die Steine des Gedenkens Kreise ziehen, weiter wirken. Mögen sie Bausteine sein für eine Brücke zum tieferen gegenseitigen Verständnis, zur Achtung....

Aspekte zur Ökumene

Ein Geschenk habe ich heute bekommen: ich darf im ökumenischen Gottes-dienst über einen Text predigen, der eindringlich wie kaum ein anderer zum Miteinander, ja zur Einheit mahnt. Und der uns erneut daran erinnert, dass es nicht die Einheit ist, die der Rechtfertigung bedarf, sondern die Zerrissenheit, wie Kardinal Ratzinger 1980 formuliert hat, damals noch als Erzbischof von München und Freising.
Manche irritierende Äußerungen aus dem Heiligen Jahr 2000 erwecken eher den Eindruck, als bedürfe das immer selbstverständlicher werdende Zusammenwachsen der Rechtfertigung. Die kühlen Winde kommen aus dem Süden und rufen – wie der Föhn – Irritationen hervor. Ja, ich meine das Dokument „Dominus Jesus", das Vorstellungen und Gewohnheiten praktizierter Ökumene erschüttert hat. Und das zu einem Zeitpunkt, wo wir als Christen herausgefordert sind von vielen Anfragen und Prozessen der Gesellschaft, weltweit, aber auch vor Ort. Wir können doch hier in der Tübinger Südstadt hautnah miterleben, wie rasch Entwicklungen gehen, wie notwendig hier integrationsförderndes Handeln, Perspektiven und Sinn aufzeigendes Mitgehen erforderlich sind.

Wofür setzen wir da unsere Kräfte ein: für Apologien und gegenseitige Mission oder für einen gemeinsamen Dienst an der Welt und den Menschen, um das Reich Gottes immer wieder neu ein Stück Wirklichkeit werden zu lassen? Dabei brauchen und dürfen wir noch offene Fragen nicht übertünchen oder verwischen, aber wir können getrost und frohgemut einen Weg weiter gehen, der uns in den letzten fünfzig Jahren so weit zueinander gebracht hat, wie es vordem kaum denkbar war. Mit einer Portion Vertrauen auf den Geist müssten Perspektiven auf das Ziel möglich sein.

Dieses Ziel hat uns Paulus in der heutigen Schriftlesung vor Augen gestellt:

Aus der inneren Einheit durch den Frieden, der uns zusammenhält, erwächst die Kraft zum Anders-Sein, zum Anders-Leben. Die innere Einheit ist die Grundlage für unser überzeugendes Wirken nach außen. Der Gedanke dieser inneren Einheit beherrscht den ersten Abschnitt des vierten Kapitels, also den Abschnitt unserer heutigen Lesung. Ein Abschnitt, der in der Taufkatechese verwendet wurde, also in der Vorbereitungszeit auf das Eingefügtwerden in die Einheit und Gemeinschaft der Gemeinde. Wer in diese Heilsgemeinschaft berufen ist, muss auch ein entsprechendes Verhalten an den Tag legen, er muss ein Leben führen, das seiner Berufung würdig ist.

Und doch ist hier weniger der einzelne Christ Adressat der Mahnungen des Briefschreibers als die Gemeinschaft der Berufenen, die Gemeinde. Ihr wird nach den vorausgehenden theologischen Grundsatzkapiteln eine Reihe von Mahnungen zugesprochen.

Das heißt, die Initiative geht von Gott aus: er hat berufen. Das bedeutet für die vom Ruf getroffenen Menschen eine ungeheure Aufgabe, sich dieses Rufes aus dem Mund des Vollkommenen würdig zu erweisen, vollkommen zu werden, wie unser Vater im Himmel vollkommen ist. Diese Vollkommenheit, diese Vollbürgerschaft in der Kirche wird nun inhaltlich konkret ausgefaltet: Hier werden Tugenden in einer aufsteigenden Linie aneinandergereiht bis hin zu der Zielbestimmung: die Einheit zu wahren. Dafür sind notwendig Demut, Milde, Geduld, gegenseitiges Ertragen in Liebe. Diese Aufzählung finden wir auch in anderen neutestamentlichen Briefen, hier aber nicht mit dem Ziel, damit ein neuer, gottgemäßer Mensch zu werden, das steht quasi als Basisforderung schon am Anfang, sondern mit dem Ziel die Einheit zu wahren, die ständige Aufgabe für die Gemeinden.

---

[i] Vgl. Theodor Schneider, Einleitung zum Beschluß „Unsere Hoffnung". Ein Bekenntnis zum Glauben in dieser Zeit, in: Gemeinsame Synode der Bistümer in der Bundesrepublik Deutschland. Beschlüsse der Vollversammlung, Offizielle Gesamtausgabe I, Freiburg – Basel – Wien 1976, 71-84, hier 78.

[ii] Vgl. Ricoeur, Das Rätsel der Vergangenheit, 124.

Printed by Books on Demand GmbH, Norderstedt / Germany